KURSBUCH DEUTSCH ALS FREMDSPRACHE

Axel Hering
Magdalena Matussek

GESCHÄFTS-KOMMUNIKATION

BESSER SCHREIBEN

Hueber Verlag

S. 6/7 aus:
Duden: Moderne Geschäftskommunikation
leicht gemacht, S. 161 und 190,
Bibliographisches Institut & F. A.
Brockhaus, Mannheim

Das Werk und seine Teile sind urheberrechtlich geschützt.
Jede Verwertung in anderen als den gesetzlich zugelassenen
Fällen bedarf deshalb der vorherigen schriftlichen Einwilligung
des Verlags.

Hinweis zu § 52a UrhG: Weder das Werk noch seine Teile
dürfen ohne eine solche Einwilligung überspielt, gespeichert
und in ein Netzwerk eingespielt werden. Dies gilt auch für
Intranets von Firmen, Schulen und sonstigen
Bildungseinrichtungen.

Eingetragene Warenzeichen oder Marken sind Eigentum des
jeweiligen Zeichen- bzw. Markeninhabers, auch dann, wenn
diese nicht gekennzeichnet sind. Es ist jedoch zu beachten,
dass weder das Vorhandensein noch das Fehlen derartiger
Kennzeichnungen die Rechtslage hinsichtlich dieser
gewerblichen Schutzrechte berührt.

6.	5.	4.			Die letzten Ziffern
2018	17	16	15	14	bezeichnen Zahl und Jahr des Druckes.

Alle Drucke dieser Auflage können, da unverändert,
nebeneinander benutzt werden.
1. Auflage
© 2007 Hueber Verlag GmbH & Co. KG, 85737 Ismaning, Deutschland
Verlagsredaktion: Peter Süß
Layout: Markus Dockhorn
Umschlagzeichnung: Cihan Kursuner, Hueber Verlag, Ismaning
Zeichnungen: Paul Netzer, Berlin
Umschlagfoto: © Pixland/Corbis
Satz: Design-Typo-Print GmbH, Ismaning
Druck und Bindung: Kessler Druck & Medien GmbH & Co. KG, Bobingen
Printed in Germany
ISBN 978-3-19-101587-9

Vorwort

Dieses Buch richtet sich an fortgeschrittene Lernende, die die deutsche Sprache im beruflichen Alltag benötigen. Durch praxisnahe Beispiele aus dem Wirtschaftsbereich mit den Schwerpunkten Import und Export werden typische Kommunikationsmuster vermittelt, die zum Standard sprachlichen Verhaltens im modernen Geschäftsleben gehören.

Grundlage guter Kundenbeziehungen ist nach wie vor eine gelungene Korrespondenz, deren wichtigste Formen in diesem Buch ausführlich dargestellt werden. Einerseits bieten vorgegebene Brief-, E-Mail- und Faxbeispiele eine optimale Hilfe, andererseits werden die Kenntnisse des Lernenden durch themabezogene Formulierungs- und Grammatikübungen aktiviert, erweitert und vertieft. Der Selbstlerner kann seine Lösungsvorschläge anhand des Schlüssels am Ende des Buches überprüfen, im Unterricht unterstützt der Kursleiter den Lernerfolg.

Die 15 Kapitel sind als thematische Einheiten aufeinander abgestimmt, müssen aber nicht in der vorgegebenen Reihenfolge durchgearbeitet werden. Je nach Schwerpunkt können sich die Lernenden ihr individuelles Trainingsprogramm zusammenstellen.

Wird das Buch im Unterricht eingesetzt, entspricht ein Kapitel 2–3 Unterrichtseinheiten auf dem Niveau B1–B2.

Inhaltsverzeichnis

1   **Firmennachweis**   Finalsätze   9
(*damit – um … zu* + Infinitiv)
Verben mit Präpositionen

2   **Anfrage**   Adjektivdeklination I   19
Genus der Nomen

3   **Angebot**   Adjektivdeklination II   29
Wortbildung: Fugenelement -s-
Kommaregeln

4   **Werbebrief**   Trennbare und untrennbare Verben   39
Bildung des Partizips II

5   **Nachfassbrief**   Bildung des Perfekts   47
Perfekt oder Präteritum?
Temporalsätze (*wenn – als*)

6   **Auftrag/Bestellung – Widerruf**   Bedingungssätze (*wenn – dann*)   55
Präpositionen

7   **Auftragseingang**   Höfliche Formulierungen   63
Annahme – Ablehnung   (höflicher Imperativ; Konjunktiv II)
mögen – möcht- – wollen – kennen – wissen

8   **Lieferung**   Nomen: n-Deklination   73
Versandanzeige – Rechnung   Kausalsätze (*weil – da – denn –
deshalb – darum – deswegen*)

9   **Wareneingang**   Passiv   83
Empfangsbestätigung –   Passiv mit Modalverben
Zahlungsanzeige   Passiversatz (*-bar – -lich, sein + zu +
Infinitiv, lassen + sich* + Infinitiv)

10	Lieferverzögerung Mahnung – Antwort auf eine Mahnung	*dass*-Sätze Infinitivkonstruktionen Zukunft – Futur	91
11	Reklamation – Antwort auf eine Reklamation	Indirekte Fragesätze Konzessivsätze (*obwohl – trotzdem*) *schon – noch nicht/noch kein* *noch – nicht mehr/kein … mehr*	99
12	Zahlungsverzögerung Mahnung – Antwort auf eine Mahnung	Temporale Nebensätze (*bevor – während – nachdem – bis*)	107
13	Zahlungsschwierigkeiten Versuch einer Einigung	Relativsätze I	117
14	Kreditauskunft	Relativsätze II	125
15	Termine – Einladung – Dank- schreiben – Geschäftsreise	Komparativ – Superlativ Vergleiche (*so … wie, anders … als,* *je … desto*)	133
	Anhang Lösungsschlüssel		147

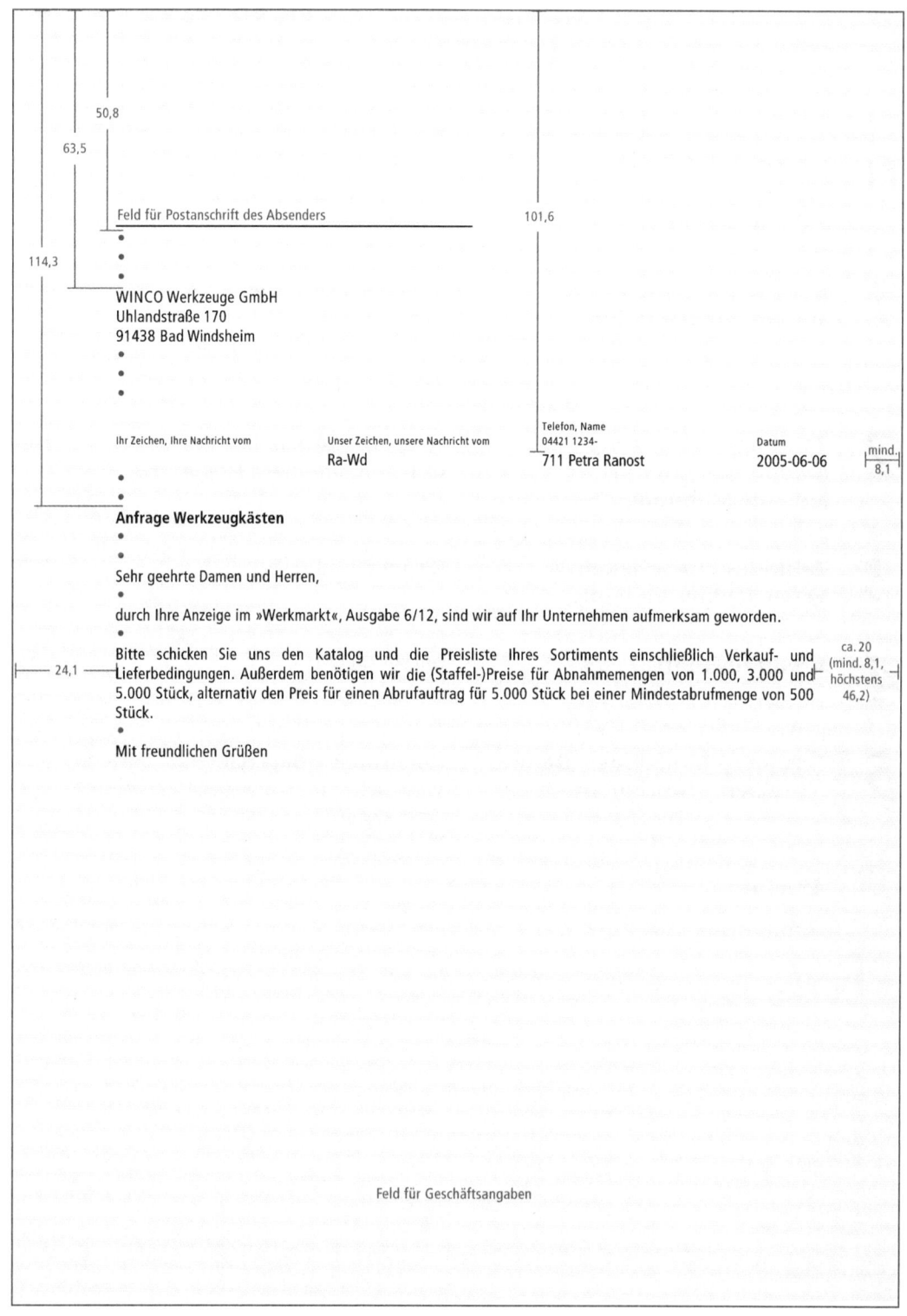

An: info@buerosysteme-meyer.com
Cc:
Bcc:
Betreff: Informationsbroschüre Schrankwände und Lagersysteme

Sehr geehrte Damen und Herren,

durch einen Prospekt Ihres Hauses wurden wir darauf aufmerksam,
dass Sie auch Schrankwände und Lagersysteme in Ihrem Programm haben.

Wir planen einen Umbau unserer Geschäftsräume und würden uns gern
genauere Informationen über Ihr Angebot einholen.

Für die Zusendung umfangreicherer Broschüren wären wir Ihnen deshalb dankbar.

Mit freundlichen Grüßen

Autohaus Weller

i. A. Tanja Rimmler

Autohaus Weller
Karl-Liebknecht-Str. 12
63303 Dreieich

Tel.: + 49 6103 84275-33
Fax: + 49 6103 84275-30
E-Mail: tanja.rimmler@auto-weller.de

Beispiel einer E-Mail nach DIN 5008 (ohne digitale Signatur)
Schreib- und Gestaltungsregeln für die Textverarbeitung

Firmennachweis

Haben Sie ein Produkt, das Sie im Ausland verkaufen wollen? Oder möchten Sie für Ihre Firma selbst ein ausländisches Produkt kaufen? Suchen Sie im Ausland vielleicht einen Lizenzgeber oder Lizenznehmer, einen Kooperationspartner oder einen Vertreter? Dann brauchen Sie Adressen, Adressen und nochmals Adressen. Auf Deutsch nennt man das *Firmennachweis*. Das ist eine Liste mit Namen und Adressen möglicher Geschäftspartner.

Hier nun einige Tipps, an wen Sie sich wenden können.

In Ihrem Land:

- Ihre Bank
- Ihre Handelskammer
- eine ausländische Handelsvertretung
- eine Botschaft

Im Ausland:

- die Botschaft Ihres Landes
- eine Wirtschaftsvertretung Ihres Landes
- lokale Organisationen (z. B. eine Industrie- und Handelskammer)

Dieses Kapitel zeigt Ihnen, wie Sie sich dabei sprachlich richtig verhalten.

Auch bei einer E-Mail geht korrekter Korrespondenzstil vor Schnelligkeit. Achten Sie deshalb auf

- einen eindeutigen Betreff
- auf korrekte Anrede und Grußformel
- korrekte Rechtschreibung
- das offizielle „Sie".

Vermeiden Sie

- Emoticons, wie z.B. Smileys
- HTML-Formatierung.

Textbeispiele

Gasturbinen Mannheim GmbH

Hauserstraße 10
71032 Böblingen

Postfach 10 43
71029 Böblingen

Telefon: 0 70 31 23 41-0
Telefax: 0 70 31 23 41-265

Gasturbinen Mannheim GmbH · Postfach 10 43 · 71029 Böblingen

Deutsch-Italienische Handelskammer
Pettenkoferstr. 35
80336 München

2.03.20..

Firmennachweis

Sehr geehrte Damen und Herren,

wir sind Hersteller von Gasturbinen und möchten gern mit italienischen Firmen in Verbindung treten, die solche Aggregate benötigen.

Damit Sie einen Überblick über unser Produktionsprogramm gewinnen können, legen wir einige Prospekte bei. Wir sind seit über 30 Jahren auf Gasturbinen spezialisiert und verfügen deshalb über große Erfahrung auf diesem Gebiet.

Bitte nennen Sie uns Unternehmen in Italien, die sich eventuell für unsere Erzeugnisse interessieren. Wir werden uns dann direkt an diese Firmen wenden.

Vielen Dank für Ihre Bemühungen.

Mit freundlichen Grüßen
Gasturbinenfabrik Mannheim GmbH

i. A. Kurt Schneider

Anlagen: Prospekte

Bankhaus Dreyer & Co, Böblingen
BLZ 504 303 00
Konto 3670 058 963
Amtsgericht Böblingen HRB 50303
Geschäftsführer: Hans Meiser
UST(VAT)-ID-Nr. DE 129 030 446

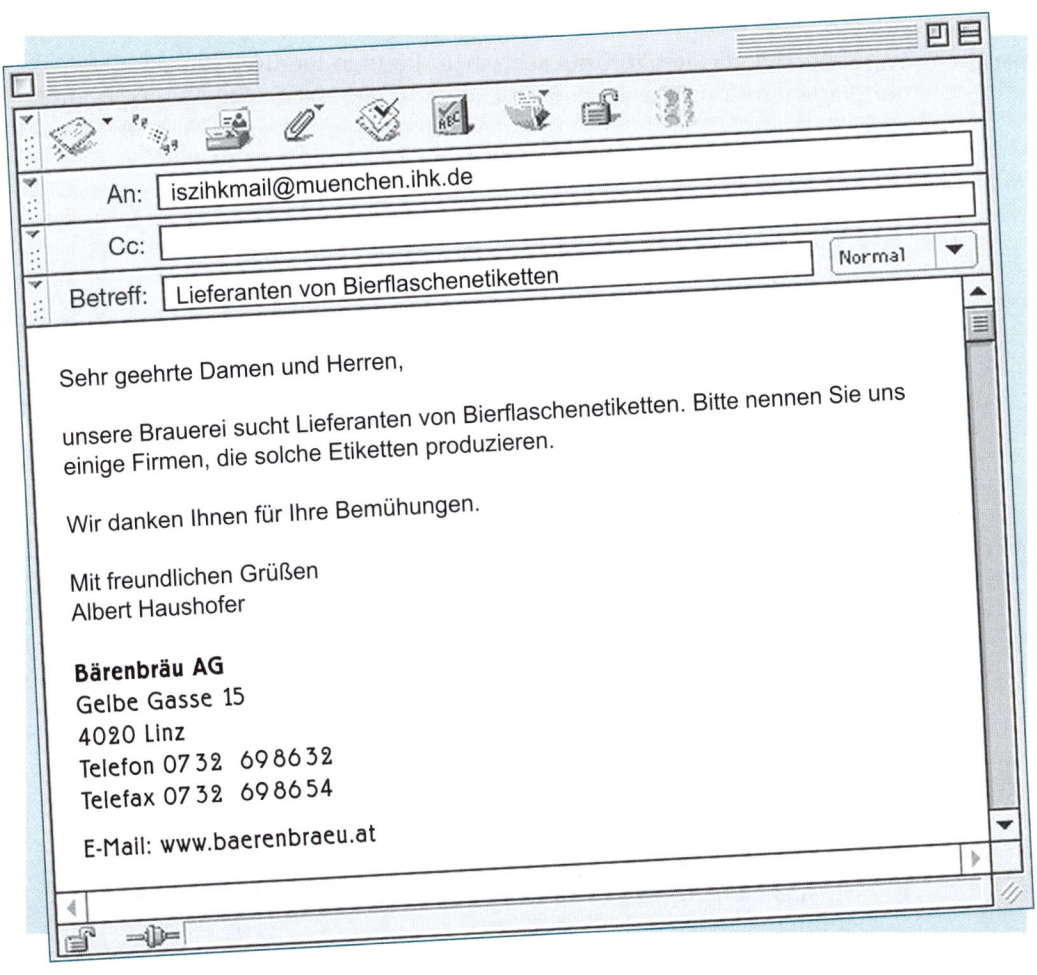

Formulierungstraining

Übung 1 Wenn Sie einen Geschäftsbrief schreiben, können Sie Ihr Anliegen in verschiedenen Varianten formulieren. Sie drücken also dieselbe Sache auf etwas andere Art und Weise aus.
Suchen Sie die Sätze heraus, die eine ähnliche Bedeutung haben.

1 Unser Unternehmen ist im Bereich des Mobilfunks tätig.
2 Wir sind sehr erfahren in diesem Bereich.
3 Wir sind Produzenten von Spezialfolien.
4 Wir suchen Kontakt zu Firmen, die sich für unsere Produkte interessieren.
5 Wir stellen Farbstoffe her.
6 Wir möchten mit Firmen in Verbindung treten, die Bedarf an unseren Erzeugnissen haben.
7 Wir produzieren Etiketten in verschiedenen Formen und Größen.
8 Bitte teilen Sie uns die Namen und Adressen entsprechender Firmen mit.
9 Um Ihnen einen Überblick über unser Produktionsprogramm zu geben, …
10 Wir fertigen maßgeschneiderte Anzüge.
11 Vielen Dank für Ihre Bemühungen.

a Bitte nennen Sie uns Namen und Adressen möglicher Ansprechpartner.
b Wir sind Hersteller von Farbstoffen.
c Unsere Erzeugnisse sind Etiketten aller Art.
d Damit Sie einen Überblick über unser Programm gewinnen können, …
e Wir bedanken uns für Ihre Bemühungen.
f Unsere Firma produziert Maßanzüge.
g Wir sind auf die Fabrikation von Mobiltelefonen spezialisiert.
h Unsere Firma ist auf die Fertigung von Klebefolien spezialisiert.
i Wir suchen die Zusammenarbeit mit Firmen, die Interesse an unseren Produkten haben.
j Wir verfügen über große Erfahrungen auf diesem Gebiet.
k Wir suchen die Kooperation mit Partnern, die unsere Produkte benötigen.

1									
g									

Übung 2 Setzen Sie die fehlenden Wörter ein.

freundlichen
verfügen
geehrte
zu geben
mitzuteilen
Hersteller
Produkte
tätig
legen ... bei
Partner
Produktionsprogramm
spezialisiert

Sehr _____ Damen und Herren,

als expandierender _____ von Kopieranlagen suchen wir einen _____, der als Importeur unsere _____ künftig auch in Ihrem Land vertreiben könnte.

Um Ihnen einen Überblick über unser _____, _____ wir Ihnen einige Prospekte ____. Wir sind seit mehr als 20 Jahren auf die Herstellung solcher Maschinen _____ und _____ deshalb über große Erfahrungen in diesem Bereich.

Wir bitten Sie, uns Namen und Adressen einiger Firmen _____, die auf diesem Gebiet _____ sind.

Mit _____ Grüßen

Übung 3 Rekonstruieren Sie den Brief.
Eine Firma aus Taiwan sucht Geschäftspartner in Bayern.

Sehr geehrte Damen und Herren,
von Autoersatzteilen ● mit leistungsfähigen Firmen, ● und suchen die Zusammenarbeit ● wir sind der größte taiwanesische Importeur ● die sich für den Vertrieb ihrer Produkte in unserem Land interessieren. ● legen wir Ihnen Prospekte bei.
● Damit Sie einen Überblick über unser Angebot bekommen, ● Mit freundlichen Grüßen ● mit den Namen und Adressen der führenden bayerischen Firmen dieser Branche zu. ● Bitte senden Sie uns ein Verzeichnis

Firmennachweis 13

Grammatik

Finalsätze: damit – um ... zu + Infinitiv

Die Gasturbinenfabrik Mannheim will ihrem Briefpartner einen Überblick über ihr Produktionsprogramm geben. Um dieses Ziel zu erreichen, legt die Firma dem Schreiben einige Prospekte bei.

Wenn man das sprachlich ausdrücken will, gebraucht man einen Finalsatz:
Damit Sie einen Überblick über unser Produktionsprogramm gewinnen können, legen *wir* einige Prospekte bei.

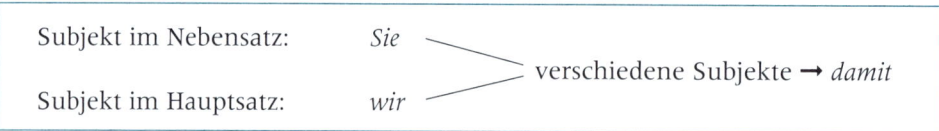

Der Finalsatz ist ein Nebensatz; das Verb steht am Ende.

Betrachten wir eine andere Situation: Eine deutsche Firma sucht Kontakt zu dänischen Unternehmen, weil sie den Wunsch hat, ihre Produkte auf dem dänischen Markt zu verkaufen.
Wir suchen Kontakt zu dänischen Unternehmen, damit *wir* unsere Produkte auf dem dänischen Markt vertreiben können.

Die Subjekte in Haupt- und Nebensatz sind gleich. Die doppelte Nennung desselben Subjekts ist zwar grammatisch richtig, aber ungebräuchlich. In diesem Fall ist es besser, das Subjekt nur einmal zu nennen und den Nebensatz mit *um ... zu* + Infinitiv zu konstruieren:
Wir suchen Kontakt zu dänischen Unternehmen, *um* unsere Produkte auf dem dänischen Markt vertreiben *zu* können.

Subjekt im Hauptsatz:	wir	gleiches Subjekt → *um ... zu* + Infinitiv
Subjekt im Nebensatz:	[wir]	

Beachten Sie die Position von *zu* bei

- trennbaren Verben: um ... an*zu*fangen
- können, müssen, dürfen (Modalverben): um ... geben *zu* können

Da die Konjunktionen *damit/um ... zu* das Ziel, den Wunsch oder die Absicht schon ausdrücken, sind in einem solchen Satz die Modalverben *wollen/möcht-* und *sollen* nicht möglich.

Übung 4 Verbinden Sie die Sätze mit *um ... zu*. Wenn das nicht möglich ist, verwenden Sie *damit*. Achten Sie dabei auf die Modalverben.

1 Die Firma sucht einen neuen Markt. Sie will ihren Absatz erhöhen.
2 Das Unternehmen modernisiert die Maschinen. Es will schneller und billiger produzieren können.
3 Wir brauchen zuverlässige Lieferanten. Unsere Produkte sollen rechtzeitig auf den Markt kommen.
4 Die Qualität ist uns sehr wichtig. Unsere Kunden sollen zufrieden sein.
5 Wir wenden uns an Sie. Wir wollen Informationen über die aktuelle Marktlage bekommen.
6 Besonders mit dänischen Firmen würden wir gern Kontakt aufnehmen. Wir möchten uns über unsere Chancen auf diesem Markt informieren.
7 Unser Unternehmen sucht die Kooperation mit einem zuverlässigen Partner. Wir wollen in ganz Dänemark vertreten sein.
8 Zwei unserer Manager kommen nach Kopenhagen. Sie sollen dort in einem Intensivkurs Dänisch lernen.
9 Die Firma leistet sich diese Kosten. Die Geschäftspartner sollen die Anliegen der Firma verstehen können.

Verben mit Präpositionen

Beim Lesen der Texte ist Ihnen sicher aufgefallen, dass häufig Verben mit bestimmten Präpositionen vorkommen. Zum Beispiel:
Wir *verfügen über* große Erfahrung auf diesem Gebiet.

Hier wird das Verb *verfügen* durch die Präposition *über* mit dem weiteren Text verbunden. Die Präposition verlangt einen bestimmten Kasus für das folgende Nomen; im Beispiel ist es der Akkusativ *große Erfahrung*.

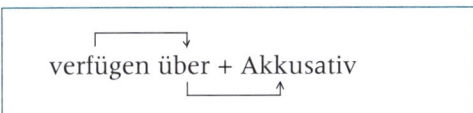

 Bitte achten Sie auf folgende Unterschiede:

sich freuen auf + Akk.   *Ich freue mich auf das Wochenende.*
sich freuen über + Akk.   *Ich freue mich über deinen Brief.*

sich interessieren für + Akk.   *Wir interessieren uns für Ihr Angebot.*
interessiert sein an + Dat.   *Wir sind an Ihrem Angebot interessiert.*
Interesse haben an + Dat.   *Wir haben Interesse an Ihrem Angebot.*

Wird ein Verb mit Präposition nicht mit einem Nomen, sondern mit einem Neben- oder Infinitivsatz kombiniert, dann steht vor der Präposition ein *da-* oder *dar-* (wenn die Präposition mit einem Vokal beginnt).

Wir bitten Sie *darum*, uns weitere Information zuzusenden.
Bitte denken Sie *daran*, rechtzeitig einen Termin zu vereinbaren.

Übung 5 Suchen Sie im folgenden Text die Verben mit ihrer jeweiligen Präposition. Notieren Sie diese Verben mit Präposition und ergänzen Sie dabei den Kasus (Akk./Dat.).

> Die dänische Firma H. C. Andersen interessiert sich für Intensiv-Sprachkurse in München, da sie mit dem Vertrieb ihrer Produkte in Deutschland und Österreich beginnen will. Einige Manager sollen an Sprachkursen teilnehmen, damit sie sich mit den Kunden auch auf Deutsch unterhalten können.
> Die Firma erkundigt sich bei der Handelskammer nach den Adressen von Sprachenschulen. Die Firma H. C. Andersen bittet die Schulen um weitere Informationen, speziell bezüglich Kurstypen, Terminen und Kursdauer. Es hängt natürlich auch vom Preis ab, welche Kurse gebucht werden.
> Einige Mitarbeiter verfügen schon über Deutschkenntnisse. Sie bereiten sich auf den Kurs für Fortgeschrittene vor – und freuen sich schon auf ihren Aufenthalt in München, da sie sich dort ganz auf die Fremdsprache konzentrieren können. In München gewöhnen sie sich schnell an die neue Umgebung. Sie denken nur manchmal an ihre Firma, denn hauptsächlich beschäftigen sie sich mit der deutschen Grammatik. Sie sprechen mit ihren Kollegen den ganzen Tag Deutsch und freuen sich über die Fortschritte, die sie jeden Tag machen.

Übung 6 Ergänzen Sie die Präpositionen in der richtigen Form oder *da-/dar-* und Präposition

An:
Cc:
Betreff: München, Ole und ich

Liebe Inga,

stell Dir vor, ich nehme gerade mit Ole und Lars ____ einem Deutschkurs in München teil. Wir haben uns ja schon in Kopenhagen _____ beschäftigt, Deutsch zu lernen, aber hier ist das viel effektiver!

Und wir haben auch großes Interesse ____ München und Bayern. Ich interessiere mich sehr _____ die Sehenswürdigkeiten hier und freue mich schon _____ das nächste Wochenende. Da will ich mit Ole entweder das Deutsche Museum besuchen oder an den Chiemsee fahren – das hängt _____ Wetter ab. Ole hofft sehr, dass die Sonne scheint, denn er hat sich schon _____ erkundigt, was es kostet, ein Segelboot auf dem Chiemsee zu mieten – Du kennst ihn ja.

So, jetzt werde ich mich noch etwas _____ konzentrieren, die Verben mit Präpositionen für morgen zu lernen – und dann geht's in den Biergarten!

Viele Grüße aus dem sonnigen München!
Britta

Schreibtraining

Wichtig
- Wählen Sie eine geeignete Organisation für die gewünschte Information aus.
- Bitten Sie um Namen und Adressen potentieller Geschäftspartner.
- Präsentieren Sie kurz Ihre eigene Firma und Ihre Produkte, denn: Nur wer selbst informiert, wird die gewünschte Information bekommen.
- Formulieren Sie Ihr Ziel möglichst kurz und präzise.
- Denken Sie daran, dass Sie Briefe auch als Anhang (Attachment) an eine E-Mail verschicken können.
- Formulieren Sie bei der E-Mail eine Betreffzeile.

Brief
Sie sind: Klaviervertrieb Adams & Hooper, Melbourne, Australien
Sie schreiben an: Deutsche Botschaft in Canberra, Australien
Sie wollen: Klaviere aus Deutschland importieren

E-Mail
Sie sind: Baumaschinenhersteller Gudang Garang, Jakarta, Indonesien
Sie schreiben an: Deutsche Bank, Frankfurt am Main
Sie wollen: Zusammenarbeit mit deutschen Produzenten in Ihrem Bereich

Anfrage

Nach dem Firmennachweis geht es weiter mit dem Sammeln von Informationen. Sie müssen sich natürlich über das Angebot der möglichen Lieferfirma sowie über deren Preise und Lieferbedingungen informieren. Sie richten also eine *Anfrage* an dieses Unternehmen.

In der allgemeinen Anfrage bitten Sie um

- Kataloge
- Preislisten
- Muster
- Vertreterbesuche
- allgemeine Liefer- und Zahlungsbedingungen

Aber vielleicht wissen Sie ja auch schon genau, was Sie wollen. Dann formulieren Sie eine spezielle Anfrage. Darin müssen Sie die gewünschte Ware so genau wie möglich beschreiben, und zwar nach

- Art
- Qualität
- Menge

Bitte denken Sie daran: Je präziser Ihre Anfrage ausfällt, desto ausführlicher kann das Angebot auch bezüglich der Preise und Zahlungsbedingungen sein. Unnötige Rückfragen lassen sich so am besten vermeiden.

Textbeispiele

Bärenbräu AG

Bärenbräu AG · Gelbe Gasse 15 · 4020 Linz

Xaver Ertl GmbH
Drygalskiallee 118
81477 MÜNCHEN
DEUTSCHLAND

20.. –03–26

Anfrage Etiketten

Sehr geehrte Damen und Herren,

Ihre Adresse teilte uns die Industrie- und Handelskammer für München und Oberbayern mit.

Wir sind eine mittelständische österreichische Brauerei und suchen für unser geplantes neues Weißbier „Linzer Weiße hefetrüb" einen Etikettenlieferanten. Unser geschätzter Jahresbedarf liegt bei ca. 100.000 Stück. Bitte senden Sie uns so bald wie möglich ein unverbindliches Angebot mit Mustern Ihrer Etiketten zu. Außerdem benötigen wir ausführliche Angaben über Lieferzeiten, Preise, Liefer- und Zahlungsbedingungen.

Wenn Sie Fragen haben, rufen Sie uns an. Wir sind Ihnen gerne behilflich.

Mit freundlichen Grüßen
Bärenbräu AG

i. V. *Albert Xaushofer*

Bärenbräu AG
Gelbe Gasse 15
4020 Linz
Telefon 07 32 69 86-32
Telefax 07 32 69 86-54

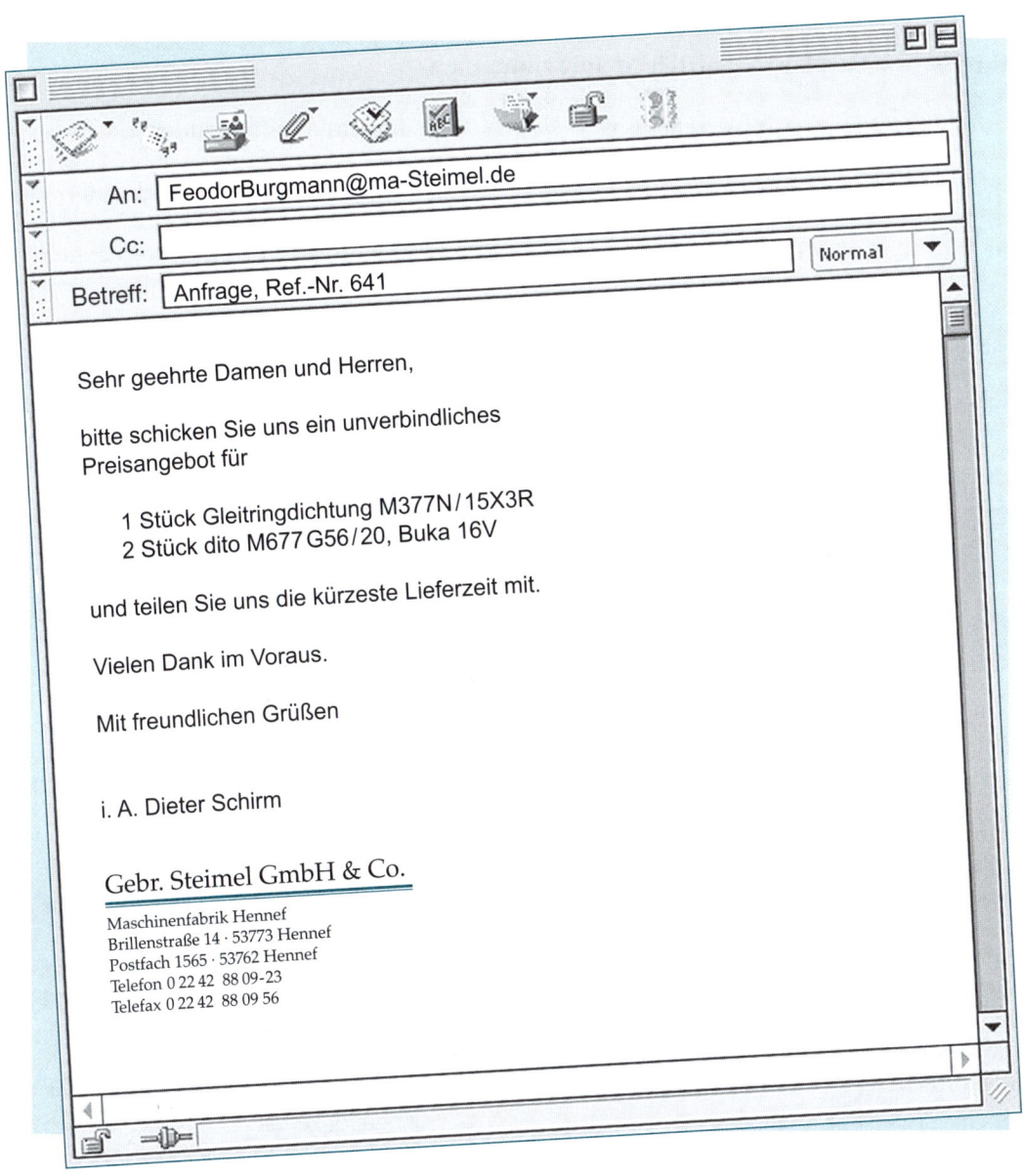

Formulierungstraining

Übung 1 Setzen Sie die Satzteile richtig zusammen.

| 1 | l |

1 Ihre Adresse teilte uns
2 Wir haben Ihre Adresse
3 Die IHK hat uns
4 Wir haben Ihre Anzeige
5 Wir beziehen uns
6 Wir interessieren uns
7 Wir sind interessiert
8 Wir benötigen laufend
9 Bitte senden Sie uns
10 Bitte nennen Sie uns
11 Wir brauchen auch Angaben
12 Bei guter Qualität können Sie
13 Bei guter Qualität sind wir

a für Ihre Baumaschinen.
b an Sie verwiesen.
c über Ihre Verkaufs- und Lieferbedingungen.
d mit größeren Aufträgen rechnen.
e durch die IHK bekommen.
f ein Angebot zu.
g im „Handelsblatt" gelesen.
h zu weiteren Aufträgen bereit.
i Ihre Verkaufs- und Lieferbedingungen.
j an Ihren Baumaschinen.
k Baumaschinen.
l die IHK mit.
m auf Ihre Anzeige im „Handelsblatt".

Übung 2 Setzen Sie die fehlenden Wörter ein.

Unternehmen
Lieferzeiten
auf
Erzeugnissen
vom
beziehen
wie
unverbindliches
ausführlichen
an
senden
so

Sehr geehrte Damen und Herren,

wir _____ uns _____ Ihre Anzeige in der „Frankfurter Allgemeinen Zeitung" _____ 16.03.20.. über Ihre Registrierkassen.

Wir sind ein mittelständisches _____ und sind _____ Ihren _____ interessiert. Bitte _____ Sie uns _____ bald _____ möglich ein _____ Angebot zu mit _____ Angaben über Ihre Produkte sowie über Preise, _____, Liefer- und Zahlungsbedingungen.

Grammatik

Adjektivdeklination I

Sie erinnern sich an die österreichische Brauerei Bärenbräu, die für das geplante Weißbier einen neuen Etikettenlieferanten sucht.
Adjektive und Partizipien wie *österreichisch*, *geplant* und *neu* müssen dekliniert werden, wenn sie vor einem Nomen stehen.
Wir geben Ihnen hier zwei Regeln zur Adjektivdeklination:

Regel 1 Vor dem Adjektiv steht *der, das, die* (bestimmter Artikel) oder ein anderer Artikel mit Kasus-Signal (z. B. *unserem*) → das Adjektiv bekommt die Endung *-en*.
Ausnahmen: Nominativ (maskulin, neutral, feminin) und Akkusativ (neutral, feminin) Singular → das Adjektiv bekommt die Endung *-e*.

	maskulin	neutral	feminin	Plural
	der Käse	das Bier	die Schokolade	die Produkte
Nominativ	der frische	das kühle	die süße	die neuen
Akkusativ	den frischen	das kühle	die süße	die neuen
Dativ	dem frischen	dem kühlen	der süßen	den neuen
Genitiv	des frischen*	des kühlen*	der süßen	der neuen

Das gilt auch nach: *dieser, dieses, diese* (Plural *diese*) – *jeder, jedes, jede* (Plural *alle*) – *welcher, welches, welche* (Plural *welche*) und im Plural nach *keine, meine, deine, seine*.

Zur Deklination mit dem unbestimmten Artikel siehe Kapitel 3, Seite 34.

Regel 2 Vor dem Adjektiv steht kein Artikel → das Adjektiv bekommt das Kasus-Signal (Endung des bestimmten Artikels).
Ausnahmen: Genitiv Singular (maskulin und neutral) → das Adjektiv bekommt die Endung *-en*.

	maskulin	neutral	feminin	Plural
	Käse	Bier	Schokolade	Produkte
Nominativ	frischer	kühles	süße	neue
Akkusativ	frischen	kühles	süße	neue
Dativ	frischem	kühlem	süßer	neuen
Genitiv	frischen*	kühlen*	süßer	neuer

* Nomen im Genitiv: Käs**es**, Bier**es**

Übung 3 Ergänzen Sie die Adjektivendungen.

> Sehr geehrt____ Damen und Herren,
>
> wir beziehen uns auf Ihre Anzeige für Korkenzieher in der letzt___ Ausgabe der Zeitschrift „Gourmet".
>
> Wir sind ein kleines französisches Unternehmen, das mit ausgewählt___ Weinen handelt. Unserem langjährig___ Kundenkreis bieten wir auch exklusiv___ Zusatzprodukte an, die für den wirklich___ Weinkenner attraktiv sind. Aus diesem Grund sind wir an Ihrem Angebot für hochwertig___ Korkenzieher interessiert. Bitte senden Sie uns ein unverbindliches Angebot über Ihre aktuell___ Verkaufs- und Lieferbedingungen zu.
>
> Bei gut___ Qualität der geliefert___ Korkenzieher können Sie mit weiter___ Aufträgen unsererseits rechnen.
>
> Mit freundlich___ Grüßen

Übung 4 Ergänzen Sie die Adjektivendungen.

aromatisch___ Schinken aus Italien   italienisch___ Schinken

reif___ Obst aus Griechenland   griechisch___ Obst

leicht___ Wein aus Frankreich   französisch___ Wein

rot___ Tulpen aus Holland   holländisch___ Tulpen

dunkl___ Brot aus Deutschland   deutsch___ Brot

schwarz___ Kaffee aus Brasilien   brasilianisch___ Kaffee

grün___ Tee aus Indien   indisch___ Tee

weiß___ Porzellan aus China   chinesisch___ Porzellan

Genus der Nomen

Es gibt einige Nomen-Endungen (Suffixe), die es Ihnen erleichtern können, das Genus des Nomens zu bestimmen.

maskulin	-er	der Kugelschreiber, –	-or	der Kompressor, -en
	-ling	der Lehrling, -e	-ant	der Fabrikant, -en
	-en	der Wagen, –	-ist	der Optimist, -en

Nomen ohne Endung, die vom Verb abgeleitet sind, z. B.: der Fall, ⸚e

neutral	-um	das Datum, Daten	-at	das Sekretariat, -e
	-ment	das Sortiment, -e	-o	das Radio, -s
	-nis	das Verzeichnis, -se		

aber: die Kenntnis, -se
die Erlaubnis, -se

Substantivierte Infinitive, z. B.: das Produzieren

feminin	-in	die Mitarbeiterin, -nen	-e	die Anfrage, -n
	-ung	die Bedingung, -en	-ei	die Brauerei, -en
	-heit	die Gelegenheit, -en	-ie	die Kopie, -n
	-keit	die Fähigkeit, -en	-ion	die Information, -en
	-schaft	die Gesellschaft, -en	-ität	die Qualität, -en

Ausnahmen bei den Nomen auf -e sind z. B.: der Kunde, der Name (siehe Seite 78)

Übung 5 Unterstreichen Sie die Endungen und setzen Sie den bestimmten Artikel ein.

___ Ereignis	___ Maschine	___ Auto	___ Leistung
___ Druckerei	___ Erzeugnis	___ Verpackung	___ Motor
___ Rückfrage	___ Hersteller	___ Kopierer	___ Wirtschaft
___ Manager	___ Molkerei	___ Rechnung	___ Anzeige
___ Spedition	___ Formulierung	___ Woche	___ Spezialist
___ Konto	___ Plakat	___ Element	___ Zwilling
___ Liste	___ Pünktlichkeit	___ Porto	___ Adresse
___ Vertreter	___ Kundin	___ Kollegin	___ Farbe
___ Zahlung	___ Lieferant	___ Faktor	___ Schwierigkeit
___ Zentrum	___ Größe	___ Industrie	___ Ware
___ Laden	___ Gewerkschaft	___ Bestellung	___ Versicherung
___ Mentalität	___ Anbieter	___ Format	

Übung 6 Setzen Sie die fehlenden Artikel ein.

eine – die/eine – unseren – das – der – unser – die – ein – unseren – die – einen

Sehr geehrte Damen und Herren,

durch _____ Geschäftspartner, Firma TMTC, haben wir erfahren, dass Sie _____ Spezialist für _____ erfolgreiche Durchführung von Incentiv-Events sind. _____ Partner hat letztes Jahr das Event „Rafting mit Beckenbauer" bei Ihnen gebucht und war begeistert. Wir wollen mit _____ Mitarbeitern dieses Jahr _____ etwas anderen Betriebsausflug machen. Es soll _____ Kombination sein: _____ sportliche Herausforderung sollte im Vordergrund stehen, _____ Entspannung darf aber auch nicht vernachlässigt werden. Kurz: _____ Erlebnis, an das sich alle lange gerne erinnern und das unser Team langfristig verbindet.
Bitte machen Sie uns einige Vorschläge. _____ beste Datum wäre der 13.06.20.., die Teilnehmerzahl beträgt 13 Personen.

Vielen Dank!

Übung 7 Bestimmen Sie das Genus der Nomen und ergänzen Sie die Endungen.

Sehr geehrte Damen und Herren,

wir beziehen uns auf Ihr___ Anzeige i___ „Stadtanzeiger". Sie inserieren dort mobile Verkaufshallen in d___ Rasterbreite von 10 bis 40 m und mit ein___ Seitenhöhe bis zu 8 m. Dies___ Fabrikat braucht kein___ eigenes Betonfundament.
Da wir ein___ große Sonderausstellung planen, benötigen wir ein___ repräsentative Halle, in der unser___ Brauerei d___ Möglichkeit hat, unser___ neues Erzeugnis d___ Öffentlichkeit vorzustellen.

Bitte senden Sie uns ein Angebot mit Ihr___ Liefer- und Zahlungsbedingungen.

Vielen Dank!

Mit freundlichen Grüßen

Übung 8 Ergänzen Sie die Endungen der Artikel und Adjektive.

1 Wir haben Ihr__ neu__ Adresse von der Deutsch-Slowakisch__ Handelskammer bekommen.

2 Wir sind d__ größt__ Unternehmen in dies__ expandierend__ Bereich.

3 Mit unser__ konkurrenzfähig__ Produkten hatten wir in d__ jüngst__ Vergangenheit groß__ Erfolg.

4 Für eine Zusammenarbeit sehen wir verschieden__ Möglichkeiten: D__ projektbezogen__ Kooperation, aber auch d__ finanziell__ Beteiligung an unserem innovativ__ Unternehmen wäre möglich.

5 Sie sind interessiert und wünschen detaillierter__ Informationen? – Dann besuchen Sie doch d__ neu__ Website unserer Firma.

Schreibtraining

Wichtig
- Nennen Sie die Herkunft Ihrer Anfrage.
- Teilen Sie mit, wer Sie sind und warum Sie anfragen.
- Beschreiben Sie – kurz oder ausführlich – die gewünschte Ware.
- Bitten Sie um Kataloge, Muster sowie Angaben über Lieferzeiten, Zahlungs- und Lieferbedingungen.
- Geben Sie eventuell Referenzen an.
- Ein Hinweis auf längerfristige Zusammenarbeit kann auch nie schaden.
- Formulieren Sie bei der E-Mail eine Betreffzeile.

Brief
Sie sind: Rollstuhlhersteller Compostelli, Mailand
Sie schreiben an: Gummiwerke Pelikan, Hamburg
Sie wollen: Reifen für ein neues Rollstuhlmodell

Versenden Sie diesen Brief als Anhang (Attachment) und gestalten Sie die E-Mail nach folgendem Muster:

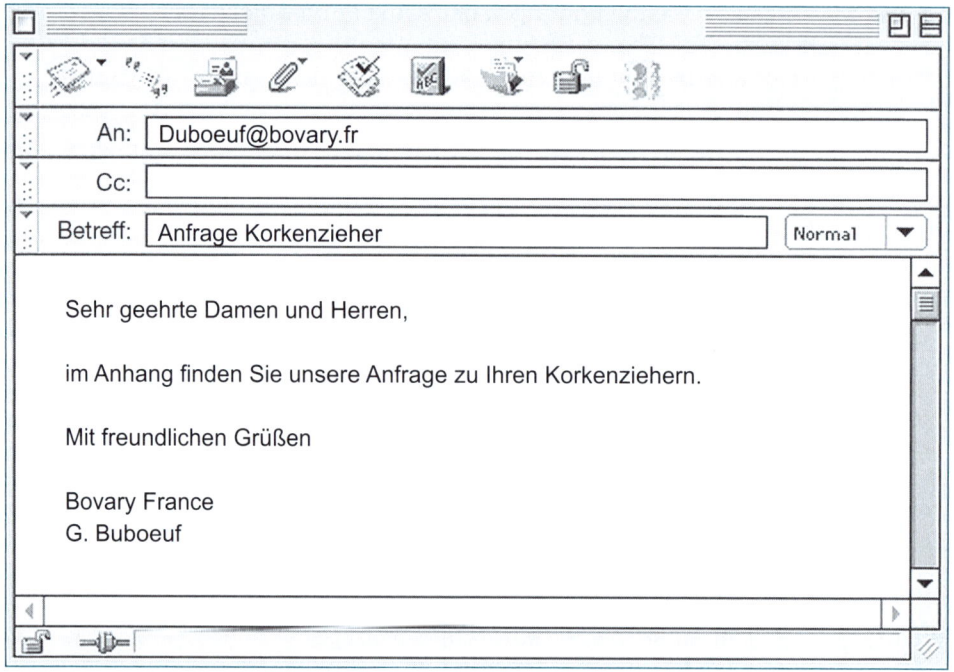

E-Mail Sie sind: Molkereiproduktevertrieb Allinquant, Lyon
Sie schreiben an: Ost-Milch, Görlitz
Sie wollen: Ost-Milch-Produkte in Frankreich anbieten

Angebot

Nehmen wir Folgendes an: Sie haben keine Anfrage abgeschickt, sondern selbst eine bekommen. Sie reagieren darauf mit einem *Angebot* – und zwar auf eine allgemeine Anfrage mit einem Schreiben, in dem Sie

- sich für das Interesse bedanken
- in der Anlage die gewünschten Preislisten, Kataloge und Geschäftsbedingungen übersenden.

Schwieriger wird es, wenn Sie auf eine spezielle Anfrage reagieren. Dann müssen Sie auf alle Fragen so genau wie möglich eingehen.

Das Angebot ist nach deutschem Recht grundsätzlich verbindlich. Das sollten Sie stets im Auge behalten: So wie Sie angeboten haben, so müssen Sie auch liefern. Sie können diese Verbindlichkeit aber auch einschränken; dann geben Sie ein zeitlich befristetes Angebot ab oder ein freibleibendes bzw. unverbindliches Angebot – mit Formulierungen wie z. B. *Angebot gültig bis …, Preisänderungen vorbehalten, solange Vorrat reicht, Zwischenverkauf vorbehalten* etc.

Im Folgenden ein paar Hinweise, was Sie für ein vollständiges Angebot berücksichtigen sollten:

- Ware (Art, Menge, Größe, Farbe, Qualität)
- Preis
- Lieferzeit
- Liefer- und Zahlungsbedingungen
- Geschäftsbedingungen (oft ein Verweis auf die *Allgemeinen Geschäftsbedingungen*)

Und: Informieren Sie Ihren Kunden, wenn Sie für die Ausarbeitung eines Angebots längere Zeit benötigen.

Sie merken: Jetzt wird's ernst!

Textbeispiele

Thompson Motorkomponenten GmbH & Co. KG

Zieglerstraße 16 52078 Aachen   Telefon 0241 3143-0   Fax 0241 3143-350
Postfach 642   52075 Aachen   E-Mail: www.thomoko.de

Thompson Motorkomponenten GmbH & Co. KG
Postfach 642, 52075 Aachen

Lester AG
Abteilung Einkauf
Herrn Rowe
Heerenstr. 3
8427 RORBAS
SCHWEIZ

17.04.20..

Ihre Anfrage vom 13.04.20..

Sehr geehrter Herr Rowe,

mit Bezug auf Ihr Gespräch am 14.04. mit unserem Mitarbeiter, Herrn Lehmann, bieten wir Ihnen an:

    60 Thompson-Kolben SPC 1.300
    zum Preis von EUR ... pro Stück ab Werk

    60 Thompson-Leichtmetallzylinder XRQ 8.9334
    zum Preis von EUR ... pro Stück ab Werk

Die genannten Stückpreise sind Nettowerte zuzüglich Verpackung (3 %) und 0,2 % Versicherungssteuer, gültig bis zum 31.12.20..
Der Kaufpreis ist innerhalb von 30 Tagen nach Rechnungsdatum ohne Abzug fällig.
Auf alle Teile geben wir sechs Monate Garantie. Die Lieferzeit beträgt vier Wochen.
Es gelten die allgemeinen Lieferbedingungen für Leistungen und Erzeugnisse der Metallindustrie.
Wir bedanken uns für Ihr Interesse.

Mit freundlichen Grüßen

Thompson Motorkomponenten GmbH & Co.KG

J. Rörlich

J. Rörlich
Manager Gussteile

UST(VAT)-ID-Nr. DE 136 113 547 · Aachener Hypothekenbank, Aachen, BLZ 430 814 90, Konto 2658 736 938
Bankhaus Aufseß, Aachen, BLZ 430 615 03, Konto 165 87 333 · Amtsgericht Aachen HRB 5603 · Persönlich haftender
Gesellschafter: Egon Kranz · Geschäftsführer: Michael Meyerbeer

DOPS Messtechnik GmbH

Postfach 80 00 07 • 80806 München
Muthmannstraße 69 • 80939 München
Tel. 089 311 11-0 • Fax 089 311 11-17

Telefax

An:	Heinrich Lasch GmbH, Herrn Klein
Fax:	0711 130013-31
Von:	Dieter Weise/Vertrieb
Datum:	16.04.20..
Anzahl der Seiten:	1

Angebot

Sehr geehrter Herr Klein,

wunschgemäß bieten wir Ihnen an:

- Spannungsmessgerät ALPHA 141028   EUR 147,00
- Akkumulator AS 170628   EUR 773,00
- Messgerät OPTICA 220155   EUR 695,00

Alle Preise sind Nettopreise und verstehen sich ab Werk zuzüglich Mehrwertsteuer und Verpackung.

Lieferzeit: ca. 3 Wochen nach Auftragseingang
Zahlung: netto innerhalb von 30 Tagen
Unser Angebot ist gültig bis: 31.07.20..

Über einen Auftrag von Ihnen würden wir uns sehr freuen.

Sollten Sie noch Fragen haben, zögern Sie bitte nicht, mich unter 089 31111-23 anzurufen oder mir eine E-Mail zu schicken.

Mit freundlichen Grüßen

DOPS Messtechnik GmbH

D. Weise

Dieter Weise
Dieter.weise@dops-messtechnik.com

Formulierungstraining

Übung 1 Suchen Sie die Sätze heraus, die eine ähnliche Bedeutung haben.

1	f

1 Vielen Dank für Ihr Schreiben.
2 Wunschgemäß bieten wir Ihnen an:
3 Unsere Preise gelten ab Werk.
4 Unser Angebot gilt bis Ende des Jahres.
5 Der Kaufpreis ist innerhalb 2 Wochen ohne Abzug fällig.
6 Wir liefern gegen Vorauszahlung.
7 Die Lieferzeit beträgt 8 Wochen.
8 Das Angebot ist unverbindlich.
9 Wir bedanken uns für Ihr Interesse.

a Unser Angebot ist freibleibend.
b Wir würden uns freuen, wenn unser Angebot für Sie von Interesse ist.
c Zahlung binnen 14 Tagen netto.
d Die Preise verstehen sich ab Werk.
e Wir halten unser Angebot bis Jahresende offen.
f Wir danken Ihnen für Ihre Anfrage.
g Wir bieten Ihnen an wie folgt:
h Lieferzeit: ca. 2 Monate nach Auftragseingang.
i Lieferung der Ware gegen Vorauskasse.

Übung 2 Wie heißt die englische Variante auf Deutsch?

Geliefert ab Schiff
Frei Frachtführer
Frei an Bord
Kosten und Fracht
Frachtfrei
Frachtfrei versichert
Geliefert Grenze
Frei Längsseite Seeschiff
Geliefert ab Kai (verzollt)
Kosten, Versicherung und Fracht
Geliefert unverzollt
Geliefert verzollt
Ab Werk

EXW	Ex works	_____
FCA	Free carrier	_____
FAS	Free alongside ship	_____
FOB	Free on board	_____
CFR	Cost and freight	_____
CIF	Cost, insurance and freight	_____
CPT	Carriage paid to	_____
CIP	Carriage and insurance paid to	_____
DAF	Delivered at frontier	_____
DES	Delivered ex ship	_____
DEQ	Delivered ex quay (duty paid)	_____
DDU	Delivered duty unpaid	_____
DDP	Delivered duty paid	_____

Übung 3 Setzen Sie die fehlenden Wörter ein.

erhalten
pro Stück
gewünschte
gefreut
frei Haus
innerhalb von
ohne Abzug
bestellen
Lieferung
Nettopreise
  einschließlich
Mengenrabatt
Skonto
liefern
Bestellung
begleichen

Sehr geehrte Damen und Herren,

vielen Dank für Ihre Anfrage. Über Ihr Interesse
an unseren Gläsern haben wir uns sehr _____ .
Mit diesem Brief _____ Sie unseren neuesten Katalog
und natürlich das _____ Angebot:

Bestell-Nr. 550:
Cognac-Schwenker; Preis EUR 25,80 pro Stück

Bestell-Nr. 681:
Champagner-Glas; Preis EUR 34,90 _____

Diese Preise sind _____
Verpackung. Wenn Sie die Rechnung innerhalb von 8 Tagen
_____ , können Sie 3 % _____
abziehen. Sie können aber auch _____ 30 Tagen
_____ bezahlen.
Wir gewähren Ihnen einen _____ von 5 %, wenn Sie von
jedem Artikel mindestens 20 Stück _____ .
Wir können Ihnen diese Gläser bis Ende des Monats _____ .
Sie erhalten die Ware _____ durch unseren Versand-
Service.
Wir freuen uns auf Ihre _____ und sind sicher, dass Sie mit
unserer _____ zufrieden sein werden.

Mit freundlichen Grüßen

Übung 4 Bringen Sie die Textteile in die richtige Reihenfolge.

1 Die Zahlung erfolgt durch ein unwiderrufliches Akkreditiv
2 Die Lieferzeit beträgt momentan 3 bis 5 Wochen.
3 wir danken Ihnen für Ihre Anfrage
4 Sehr geehrte Damen und Herren,
5 Unsere Preise verstehen sich FOB deutscher Hafen oder Flughafen, einschließlich Verpackung.
6 Je 1000 T-Shirts, Farbe weiß, kurzärmelig, mit Brusttasche, in den Größen S, M, L und XL
7 bei der Barclays Bank in Porto.
8 Über einen baldigen Auftrag von Ihnen würden wir uns freuen.
9 und können Ihnen wie folgt anbieten:
10 Dieses Angebot gilt bis 15. 06. 20 . .
11 zum Preis von EUR 4,70 Euro pro Stück.

| 4 | | | | | | | | | | |

Angebot 33

Grammatik

Adjektivdeklination II

Im Kapitel 2 finden Sie Regeln zur Adjektivdeklination mit dem bestimmten Artikel und ohne Artikel (siehe Seite 23).

Wir geben Ihnen hier eine dritte Regel zur Adjektivdeklination:

Regel 3 Im Singular steht vor dem Adjektiv der unbestimmte Artikel → das Adjektiv bekommt die Endung *-en*.
Ausnahmen: Nominativ (maskulin, neutral, feminin) und Akkusativ (neutral, feminin); hier bekommt das Adjektiv das Kasus-Signal.
Diese Regel gilt auch nach *kein, mein, dein, sein* im Singular.

Wo im Singular ein unbestimmter Artikel steht, steht im Plural kein Artikel → das Adjektiv bekommt das Kasus-Signal.
Nach *keine, meine, deine, seine* im Plural bekommen die Adjektive die Endung *-en*: *keine/seine neuen Produkte* (siehe Regel 1, Seite 23).

	maskulin	neutral	feminin	Plural
	ein Käse	ein Bier	eine Schokolade	Produkte
Nominativ	ein frisch**er**	ein kühl**es**	eine süß**e**	neue
Akkusativ	einen frischen	ein kühl**es**	eine süß**e**	neue
Dativ	einem frischen	einem kühlen	einer süßen	neuen
Genitiv	eines frischen (-s)	eines kühlen (-es)	einer süßen	neuer

Bitte achten Sie auf folgende Veränderungen:
Das Produkt ist *teuer*. → Das ist ein *teures* Produkt.
Das Zimmer ist *dunkel*. → Das ist ein *dunkles* Zimmer.
Der Preis ist *hoch*. → Das ist ein *hoher* Preis.

Übung 5 Ergänzen Sie die unbestimmten Artikel und die Adjektivendungen.

1 Das ist _____ interessant___ Angebot.
2 Wir schicken Ihnen _____ aktuell___ Preisliste zu.
3 Sie können in Kürze mit _____ größer___ Auftrag rechnen.
4 _____ ausführlich___ Beschreibung unserer Produkte legen wir bei.
5 Über _____ baldig___ Bestellung würden wir uns freuen.
6 Wir sind _____ mittelständisch___ Unternehmen, spezialisiert auf die Herstellung von elektronisch___ Zubehörteilen für Personenwagen.
7 Bei Abnahme von 1000 Stück gewähren wir Ihnen _____ einmalig___ Sonderrabatt von 5% auf die Rechnungssumme.
8 _____ schriftlich___ Bestätigung des Lieferdatums geht noch heute per Fax an Sie ab.

Übung 6 Ergänzen Sie die Adjektivendungen.

> Sehr geehrt___ Damen und Herren,
>
> viel___ Dank für Ihre Anfrage. Wir freuen uns über Ihr Interesse an unserem neuest___ Telekommunikationssystem. Wir bieten Ihnen ein flexibl___ Bausteinprinzip mit modernst___ digital___ Infrastruktur.
>
> Mit diesem Schreiben erhalten Sie unseren aktuell___ Katalog mit genau___ Beschreibung der vielfältig___ Möglichkeiten unseres Telekommunikationssystems, das für jedes aktiv___ Unternehmen die passend___ Lösung bietet und auf alle heutig___ Anforderungen die richtig___ Antwort hat.
>
> Die geltend___ Preise, unsere genau___ Liefer- und Zahlungsbedingungen entnehmen Sie bitte dem beiliegend___ Katalog.
> Wir freuen uns auf eine effektiv___ Zusammenarbeit.
>
> Mit freundlich___ Grüßen

Wortbildung: Fugenelement -s-

Im Deutschen werden oft zwei oder mehr Nomen miteinander kombiniert. Das zweite Nomen bestimmt dann den Artikel des ganzen Kompositums:

das Stück	+	*der* Preis	→	*der* Stückpreis
der Preis	+	*die* Liste	→	*die* Preisliste
die Produktion	+	*das* Programm	→	*das* Produktionsprogramm

Häufig werden das erste und das zweite Nomen einfach zusammengeschrieben *(der Stückpreis, die Preisliste)*. Manchmal tritt – wie im Wort *Produktionsprogramm* – zwischen den ersten und den zweiten Teil des Kompositums ein Fugenelement, wie hier das *-s-*.

> Das Fugenelement *-s-* steht
> • nach den Suffixen
>
> | | | | |
> |---|---|---|---|
> | -ung: | Zahl**ungs**bedingungen | -um: | Plen**ums**beratung |
> | -ion: | Diskussi**ons**ergebnis | -schaft: | Gewerk**schafts**treffen |
> | -heit: | Gelegen**heits**job | -ität: | Liquidi**täts**problem |
> | -är: | Aktion**ärs**anteil | -tum: | Eigen**tums**ordnung |
> | -keit: | Öffentlich**keits**arbeit | -ling: | Zwill**ings**bruder |
>
> • nach einem substantivierten Infinitiv
> das Leben + die Weise → die Leben**s**weise
> • häufig nach einem maskulinen oder neutralen Nomen mit *Ge-*
> der Gebrauch + die Anweisung → die Gebrauch**s**anweisung
> das Geschäft + die Bedingung → die Geschäft**s**bedingung
> • nach dem Nomen *Arbeit*
> die Arbeit + die Zeit → die Arbeit**s**zeit
> Aber: Arbeitgeber, Arbeitnehmer

Angebot

Übung 7 Verbinden Sie die folgenden Nomen mit -s- oder ohne Fugenelement.

die Verpackung	das Material	_____
das Stück	der Preis	_____
die Kommission	der Vorsitzende	_____
die Fabrik	das Gelände	_____
das Gehalt	die Erhöhung	_____
die Wirtschaft	das Wachstum	_____
die Geschwindigkeit	die Begrenzung	_____
die Arbeit	der Platz	_____
der Mehrwert	die Steuer	_____

Kommaregeln

Ein Komma steht

- nach der Ortsangabe im Brief: *München, den 03.06. 20. .*
- nach der Anrede im Brief: *Sehr geehrte Damen und Herren,*
- zwischen Haupt- und Nebensatz: *Sie können 3% Skonto abziehen, wenn Sie die Rechnung innerhalb von 8 Tagen bezahlen.*
- bei Aufzählungen, die ohne *und* verbunden sind: *Wir liefern die T-Shirts in den Farben weiß, schwarz, rot und blau.*

Kein Komma steht

- vor *und* und *oder*: *Dieses Angebot ist 2 Monate gültig und wir legen Ihnen einen Gutschein über EUR 10,00 bei. Herr Petersen ruft Sie morgen an oder er kommt persönlich vorbei.*
- beim erweiterten Infinitiv mit *zu*: *Ich glaube kaum, dass wir in der Lage sind dieses Problem schnell zu lösen.*

Übung 8 Setzen Sie die Kommas im folgenden Brief.

München, den 12.08.20..

Sehr geehrte Damen und Herren,

wir danken Ihnen für Ihre Anfrage vom 5.08.20.. Sie suchen eine repräsentative Halle, da Sie eine Sonderausstellung Ihrer Brauereiprodukte planen.

Wir empfehlen Ihnen entweder eine große, 40 m lange Halle oder zwei kleinere Hallen mit Durchgang. Letztere haben den Vorteil, dass Sie die Produktpräsentation auch räumlich gliedern können.

Wir möchten Sie noch darauf aufmerksam machen, dass wir einen Miet- und Leasing-Service entwickelt haben, um flexibel und preiswert auf die Wünsche unserer Kunden reagieren zu können.

Die Kosten für Bauteile, Lieferung und Aufbau der Hallen entnehmen Sie bitte dem beiliegenden Katalog, in dem Sie auch unsere geltenden Liefer- und Zahlungsbedingungen finden.

Über einen baldigen Auftrag von Ihnen würden wir uns freuen.

Mit freundlichen Grüßen

Hecker Stahlbau GmbH

Schreibtraining

Wichtig
- Beziehen Sie sich kurz auf die Anfrage.
- Beantworten Sie präzise alle gestellten Fragen.
- Geben Sie alle Informationen, die der Kunde für eine schnelle Bestellung ohne Rückfragen braucht.
- Vergessen Sie nicht den Hinweis auf ein möglicherweise noch günstigeres Angebot; der Kunde soll wissen, dass er den Preis beeinflussen kann.
- Drücken Sie Ihre Hoffnung auf einen baldigen Auftrag aus.

Brief

Sie sind: Polstermöbelfabrik Boneschi, Neapel, Italien
Sie schreiben an: Schlafzimmer Raimund, München, Deutschland
Sie bieten an: Doppelbett „Gigolo" (200 x 180 cm, EUR 199,00)

Liefer- und Zahlungsbedingungen: innerhalb von 30 Tagen ohne Abzug, 5% Mengenrabatt ab 10 Betten, Lieferung frei Haus, Lieferzeit 8 Wochen, Angebot 4 Wochen gültig.

E-Mail

Sie sind: Sherry-Exporteur Buergo, Sevilla, Spanien
Sie schreiben an: Weingroßhandlung Reisch, Augsburg, Deutschland
Sie bieten an: 200 Flaschen Sherry (Bestell-Nr. 314)

Preis, Lieferzeit, Liefer- und Zahlungsbedingungen wählen Sie selbst.
Kündigen Sie an, dass Sie eine Probeflasche mit getrennter Post zuschicken.

Werbebrief

Der *Werbebrief* ist eine Form der Direktwerbung, um das Interesse für Ihre Firma und Ihre Produkte zu wecken.

Es gibt zwei Hauptgründe für das Versenden eines Werbebriefs:

- Sie wollen in Ihrem Kundenkreis für ein Produkt werben.
- Sie wollen neue Kunden gewinnen.

Ein Werbebrief ist kein Angebot, sondern nur eine unverbindliche Einladung an potenzielle Kunden, Ihre Produkte zu kaufen. Dabei ist es besonders wichtig, dass Sie in Ihrem Schreiben

- den Kunden so persönlich wie möglich ansprechen
- die Vorteile betonen, die Ihr Produkt für die speziellen Bedürfnisse dieses Kunden hat.

Wenn der Adressat den Eindruck hat, dass Sie für seine Bedürfnisse die individuelle Lösung bieten, dann wird er Ihre Einladung gern annehmen.

Und: Verschicken Sie Ihre Werbung nicht ungefragt per E-Mail. Oft ärgern sich die Empfänger über diese elektronische Post und manche klagen sogar dagegen.

Textbeispiele

LABORGERÄTEBÖRSE®
Handelsgesellschaft für
Analysensysteme mbH

Laborgerätebörse · Postfach 245 · 72387 Burladingen

Fischer & Werkmeister GmbH
Maxstraße 336
96049 Bamberg

Oktober 20..

Sehr geehrte Damen und Herren,

Sie erhalten heute unsere aktuelle Sonderliste Herbst 20.. . In dieser Liste finden Sie wieder eine Vielzahl an gebrauchten Analysensystemen, die für Sie von Interesse sind. Alle Geräte sind komplett überholt und befinden sich in technisch und optisch einwandfreiem Zustand – das garantieren wir Ihnen!

Gerade in Zeiten des wirtschaftlichen Umbruchs ist es für Sie interessant, auf geprüfte, gebrauchte Analysengeräte zurückzugreifen, da Sie bei gleicher Leistungsanforderung an die Geräte nur einen Bruchteil vom Neupreis investieren müssen.

Dadurch sparen Sie Kosten ein und haben Reserven frei für andere wichtige Investitionen.

Werfen Sie jetzt einen Blick in unsere Liste und fordern Sie Prospektunterlagen bei uns an. Es wird sich für Sie lohnen.

Rufen Sie uns an!

S. Krauss
LABORGERÄTEBÖRSE

PS: Möchten Sie uns Ihre Analysengeräte anbieten, die Sie nicht mehr benötigen, so senden Sie uns die beigefügte Antwortkarte zurück, damit wir uns mit Ihnen in Verbindung setzen können.

Geschäftsführer	Lieferadresse	Telefon 07474 9514-0	Volksbank Hohenzollern	BLZ 641 632 25	Nr. 102 759 006
Dipl.-Ing. Wolfgang Kuster	Gammertinger Str.18	Telefax 07474 9514-44	Kreissparkasse Burladingen	BLZ 653 512 60	Nr. 93 473 541
Amtsgericht Hechingen HRB 549	72393 Burladingen	E-Mail: info@laboboe.de	Postgiroamt Stuttgart	BLZ 600 100 70	Nr. 2539 29-709

DOPS Messtechnik GmbH
Postfach 800007
80806 München

Leonberg, 1. Oktober 20..

**Neu von CADKEY – CADKEY DRAFTER speziell für die
2D-Konstruktion und das Technische Zeichnen**

Liebe CAD-Interessenten, Anwender und Profis,

mit CADKEY DRAFTER wird auf der SYSTEMS das neueste Produkt aus dem Hause CADKEY vorgestellt. Professionelle Rechnerleistung ist heute für jeden potenziellen CAD-Anwender verfügbar. Jetzt gibt es mit CADKEY DRAFTER das professionelle Softwarepaket dazu.

CADKEY DRAFTER ist die preiswerte, leistungsstarke Alternative oder Ergänzung. Professionelle Leistungsstärke, leichteste Erlernbarkeit und Bedienung, Kompatibilität zu anderen Systemen und ein konkurrenzloser Preis wurden in CADKEY DRAFTER zu einem attraktiven Paket verbunden.

Überzeugen Sie sich selbst auf der SYSTEMS vom 18. bis 22. Oktober in München – oder nutzen Sie eines unserer Angebote.

Mit freundlichen Grüßen

AGS GmbH – Distributor für CADKEY

Siegfried Müller

PS: Den Messesonderprospekt erhalten Sie heute schon zur Vorinformation.

Mollenbachstraße 37 · 71229 Leonberg · Tel. 07152 4 20 81 · Fax 07152 7 41 66 · BBS 07152 97 71 41
HRB 1924 Amtsgericht Leonberg · Geschäftsführer: Thomas Berkmann, Martin Trostel
Bankverbindungen: Kreissparkasse Böblingen (BLZ 603 501 30) Kto.-Nr. 8 905 200
Bayerische Vereinsbank Stuttgart (BLZ 600 202 90) Kto.-Nr. 3 008 533
E-Mail 100145.3531@compuserve.com · USt. Id. Nr. DE 145998814

Formulierungstraining

Übung 1 Setzen Sie die Satzteile richtig zusammen.

1	d

1 Lieber Gartenbesitzer
2 der Frühling
3 Sie haben sich sicher schon überlegt,
4 Wir wissen,
5 Wir bieten Ihnen nicht nur
6 Wir führen auch alles,
7 Unser freundliches Fachpersonal
8 Werfen Sie einen Blick
9 Sie werden … staunen.
10 Oder kommen Sie einfach in eines unserer Geschäfte
11 Wir versprechen Ihnen schon jetzt: Ihre Nachbarn

a wie wir Ihnen dabei helfen können.
b berät Sie gern.
c über unsere günstigen Preise
d und Pflanzenfreund,
e werden grün vor Neid!
f in unseren aktuellen Farbkatalog.
g und überzeugen sich persönlich.
h was zur Pflanzenpflege und Gartengestaltung dazugehört.
i eine riesige Auswahl an Pflanzen an.
j steht vor der Tür.
k wie Sie Ihren Garten verschönern wollen.

Übung 2 Setzen Sie die fehlenden Wörter ein.

wünscht
höchste
dabei sein
Schritt
selbst
Erfüllen
geht
Gewinnchance
bis
Glückspilz
endlich
glückliche
nämlich
steuerfrei
für

Sehr geehrter Herr Vogel,

Sie sind schon ein _____ ! Wir haben _____ extra für Sie eine Losnummer reserviert.

Bei der 96. Ausspielung der Oberschwäbischen Klassenlotterie sollten Sie wirklich _____. Denn mit über EUR 350 Millionen und 40,1 % _____ hat die OSCHKL weltweit die _____ Gewinnausschüttung aller Klassenlotterien. Jeden Freitag _____ es um Millionen, Woche _____ Woche! Aber sehen Sie _____:
1x EUR 5 Millionen, 26x EUR 1 Million, 27 x EUR 500.000, 260 x EUR 50.000, sowie über 600.000 Gewinne _____ EUR 40.000. Und alles _____. Machen Sie den ersten _____ in eine _____ und sorgenfreie Zukunft. _____ Sie sich _____ Ihre Wünsche.

Viel Glück _____ Ihnen
Ihr staatlicher Lotterie-Einnehmer
Dr. Richard Schäuble

42   Kapitel 4

Grammatik

Trennbare und untrennbare Verben

Beim Lesen des Werbebriefes der Laborgerätebörse ist Ihnen vielleicht aufgefallen, dass darin viele Verben vorkommen, die aus mehreren Teilen bestehen wie *rufen ... an, befinden*.
Man unterscheidet zwischen trennbaren Verben und untrennbaren Verben.

 Die häufigsten untrennbaren Präfixe sind:

be-	begleiten	ge-	gehören
ent-	entfernen	ver-	verhandeln
er-	erkennen	zer-	zerstören

Im Infinitiv liegt der Akzent bei den trennbaren Verben immer auf dem Präfix (ánrufen), bei den untrennbaren Verben auf dem Grundwort (befínden).
Im Hauptsatz steht das Präfix der trennbaren Verben am Satzende; das Präfix der untrennbaren Verben bleibt immer fest mit dem Verb verbunden.

Übung 3 Bilden Sie Sätze im Präsens.
Welche Aufgaben hat eine Werbeassistentin?

neue Produkte anbieten   *Sie bietet neue Produkte an.*

1 die Geschäftspartner anschreiben
2 Werbebriefe verschicken
3 die Kunden überzeugen
4 das Faxgerät bedienen
5 die Sitzung vorbereiten
6 Angebote vergleichen
7 E-Mails verschicken
8 Projekte entwerfen
9 die Kunden beraten
10 die Gäste abholen
11 die Besucher anmelden
12 Termine vereinbaren

Ein einfaches Verb kann mit verschiedenen Präfixen verbunden sein und hat dann verschiedene Bedeutungen. Aus *arbeiten* lassen sich z. B. folgende Verben bilden:

verarbeiten   aufarbeiten   nacharbeiten   bearbeiten
zusammenarbeiten   mitarbeiten   überarbeiten   ausarbeiten

Übung 4   Setzen Sie diese acht Verben in der richtigen Form in den folgenden Text ein.

Liebe Anna,

heute ist der erste Tag nach meinem China-Urlaub und hier ist der Teufel los! Auf meinem Schreibtisch türmen sich Berge von Papieren, die ich _____ sollte, aber der Auftraggeber Fucci hat natürlich Priorität: Den Werbetext für die Fucci-Handtaschen _____ wir jetzt schon zum fünften Mal, aber der Chef ist immer noch nicht zufrieden. Die Firma _____ nur das feinste Leder für diese Taschen und das soll locker und witzig im Text deutlich werden!!! Bei der französischen Version _____ zum Glück Frau Bovary _____, weil sie den Markt in Frankreich sehr gut kennt. Und sie hat auch viel Humor, mit Ihr _____ ist wirklich ein Vergnügen! Dann muss ich heute auch noch unbedingt den Plan für das nächste Quartal in allen Einzelheiten _____, sonst muss ich morgen bis spät in die Nacht hier bleiben und das _____ – und das will ich auf keinen Fall, denn morgen Abend treffe ich mich mit Tom.

Tschüss und bis bald!
Deine Tanja

PS: Du musst Dir unbedingt meine Fotos aus China anschauen! Ich werde einige allerdings noch mit dem Fotoprogramm _____, bevor ich sie Dir zeige.

Bildung des Partizips II

Bei den meisten Verben wird das Partizip II mit dem Präfix *ge-* und der Endung *-t* (schwache Verben) oder *-en* (starke Verben) gebildet.
Ohne das Präfix *ge-* wird das Partizip II aller untrennbaren Verben und der meisten Verben auf *-ieren* gebildet.

	schwache Verben		starke Verben	
	kaufen	→ gekauft	kommen	→ gekommen
trennbare Verben	einkaufen	→ eingekauft	ankommen	→ angekommen
untrennbare Verben	verkaufen	→ verkauft	bekommen	→ bekommen
Verben auf -ieren	telefonieren	→ telefoniert		

Übung 5 Setzen Sie alle Sätze, die Sie in der Übung 3 gebildet haben, ins Perfekt.

Was hat die Werbeassistentin gestern gemacht?
→ *Sie hat neue Produkte angeboten.*

1 die Geschäftspartner anschreiben _____
2 Werbebriefe verschicken _____
3 die Kunden überzeugen _____
4 das Faxgerät bedienen _____
5 die Sitzung vorbereiten _____
6 Angebote vergleichen _____
7 E-Mails verschicken _____
8 Projekte entwerfen _____
9 die Kunden beraten _____
10 die Gäste abholen _____
11 die Besucher anmelden _____
12 Termine vereinbaren _____

Übung 6 Bilden Sie das Partizip Perfekt der folgenden Verben und tragen Sie sie in die Tabelle ein.

verbinden	verkaufen	entwickeln
einhalten	erreichen	tun
sagen	erleben	stornieren

ohne Präfix	trennbar	untrennbar
_____	_____	_____
_____	_____	_____
_____	_____	_____
		_____

Werbebrief 45

Übung 7 Setzen Sie die Partizipien aus der Übung 6 in den folgenden Text ein. Wenn das Partizip vor einem Nomen steht, deklinieren Sie es wie ein Adjektiv.

Für Handwerker, Geschäftsleute, Außendienstmitarbeiter und einige andere Leute müssen Sie eigentlich immer und überall erreichbar sein. Aber das ist leichter _____ als _____, denn auch Mobiltelefone bereiten gelegentlich Schwierigkeiten. Dann können Sie weder _____ werden, noch können Sie Ihre Nachrichten weitergeben. Die Aktien sollen _____ werden, der Termin kann nicht _____ werden, der Flug muss _____ werden – und wenn Sie anrufen, sind Sie vielleicht auch noch falsch _____. Eine oft _____ Situation? Jetzt gibt es die richtige Lösung für Ihr Problem, nämlich den neu _____ Europort-Funkruf. Egal, ob Sie gerade installieren, delegieren, korrigieren oder nur herumspazieren – Sie sind immer erreichbar.

Schreibtraining

Wichtig
- Vermeiden Sie den Eindruck, dass es sich um gewöhnliche Reklame handelt.
- Sprechen Sie den Kunden persönlich an.
- Wecken Sie sein Interesse.
- Versuchen Sie nicht den Kunden zu überreden, sondern überzeugen Sie ihn durch gute Argumente.
- Das beste Argument sind immer noch handfeste Vorteile für den Kunden.
- Schlagen Sie einen persönlichen Kontakt (Telefongespräch, Kundenbesuch) vor.

Brief I Sie sind: Ikarus Direktversicherung
Sie schreiben an: Studenten im ersten Semester
Sie wollen: besonders günstige Autoversicherungen anbieten

Brief II Sie sind: Kaufhaus H & O
Sie schreiben an: Hausfrauen
Sie wollen: auf die neue Sommerkollektion auch in Übergrößen hinweisen

Nachfassbrief

Nicht jeder Kunde reagiert gleich auf Ihr erstes Angebot. Das ist aber kein Grund zum Resignieren. Sie müssen dann eben *nachfassen*: Sie bringen sich beim Kunden in Erinnerung, indem Sie Ihr Angebot nochmals präsentieren.

- Entweder rufen Sie den Kunden an (vor allem nach einem verlangten Angebot) oder
- Sie setzen sich schriftlich mit ihm in Verbindung.

So oder so wollen Sie natürlich erfahren, warum er nicht bestellt hat. Nicht ungeschickt ist es, wenn Sie sagen, welche Gründe Sie selbst vermuten. Danach machen Sie noch einmal die Hauptvorteile Ihrer Ware und Ihres Angebots deutlich. Geben Sie dem Kunden ein zusätzliches Argument an die Hand, warum er doch noch und gerade bei Ihnen bestellen soll. Schlagen Sie ihm beispielsweise einen Vertreterbesuch vor, damit er die Ware persönlich prüfen kann, oder bieten Sie noch eine Sonderkondition an. Erwähnen Sie vielleicht auch die positive Resonanz auf Ihre Ware bei anderen Kunden.

Sie müssen sich dabei sehr vorsichtig verhalten: Gerade weil der Kunde (noch) kein Interesse an Ihrem Angebot hat, sollten Sie alles vermeiden, was aufdringlich wirken könnte. Wenn Sie dem Adressaten auf die Nerven gehen, war alle Mühe umsonst.

Textbeispiele

Chemische Werke Hans Höhn

<u>Chemische Werke Hans Höhn</u>
Van-der-Smissen-Straße 4 · 22676 Hamburg

Möbelwerke
Wohnlich & Co.GmbH
Mönckebergstr. 5
34121 Kassel

20..–03–20

Giftfreie Holzlacke

Sehr geehrte Damen und Herren,

vor etwa einem Monat informierten wir die professionellen Anwender von Holzlacken über unsere neue Holzlackserie Xylo-Safe. Wir sind damit auf großes Interesse gestoßen. Zahlreiche Großanwender haben sich bereits für unser Produkt entschieden – und damit auch für die Umwelt: Xylo-Safe erfüllt schon heute alle gesetzlichen Auflagen von morgen. Da versteht es sich fast von selbst, dass auch ständiges Arbeiten mit Xylo-Safe für die Gesundheit absolut unschädlich ist.

Sie wissen, dass konventionelle Holzlacke schon bald verboten werden. Wir möchten Ihnen gern helfen Ihre Produktion kostengünstig umzustellen.

In der nächsten Woche ist unser Beratungsingenieur, Herr Wurm, im Raum Kassel unterwegs. Er könnte Sie dann besuchen und ausführlich über unsere neue Holzlackserie informieren.

Mit freundlichen Grüßen

Chemische Werke
Hans Höhn

P. Herzog

i. V. Peter Herzog

PS: Herr Wurm wird Sie in den nächsten Tagen anrufen.

Hueber

Hueber Verlag GmbH & Co KG
Lektorat Fremdsprachen
Max-Hueber-Straße 4
85737 Ismaning
Telefon: +49 - 089 96 02 -0
Telefax: +49 - 089 96 02 -3 58
Internet: http://www.hueber.de
E-Mail: Graf@hueber.de

Hueber Verlag Postfach 11 42 85729 Ismaning

Blink AG
Schulungszentrum
Herrn Dr. Albert Kühn
Postfach 72 72 27
54376 Trier

28.02.20..

Lehrwerk WIRTSCHAFTSROULETTE

Sehr geehrter Herr Dr. Kühn,

kurz vor Weihnachten haben wir Ihnen ein persönliches Exemplar unseres neuen Lehrwerks für die Berufssprache WIRTSCHAFTSROULETTE zugeschickt.

Sie konnten sich zwischenzeitlich sicherlich davon überzeugen, dass Konzeption, Inhalt und Themen dieses Lehrwerks den Erfordernissen in den Kursen des Blink AG-Schulungszentrums genau entsprechen.

Ihre Meinung interessiert uns sehr. Wir würden uns deshalb freuen, wenn Sie auf beiliegendem Fragebogen ein kurzes Urteil über Ihren Gesamteindruck von WIRTSCHAFTSROULETTE abgeben würden.

Als kleines Dankeschön für Ihre Unterstützung legen wir Ihnen ein Sprachposter mit Szenen aus unterschiedlichen Wirtschaftsbereichen und Vorschlägen für die Verwendung im Unterricht bei.

Mit freundlichen Grüßen

HUEBER VERLAG

Anita Graf

Lektorat Fachsprachen

Anlagen: Fragebogen, Sprachposter

Ust(VAT)-Id-Nr. DE 130 002 447
HypoVereinsbank München
(BLZ 700 202 70) Kto. 36 102 500
Postbank München
(BLZ 700 100 80) Kto. 362 38-803
Hueber Verlag GmbH & Co KG,
Amtsgericht München: HRA 49304
Persönlich haftende Gesellschafterin:
Sprachen-Hueber Verlagsges. mbH,
Amtsgericht München: HRB 45498
Sitz der Gesellschaften: Ismaning
Geschäftsführung: Michaela Hueber,
Wolf Dieter Eggert

Formulierungstraining

Übung 1 Suchen Sie die Sätze heraus, die eine ähnliche Bedeutung haben.

1 Vor einem Monat informierten wir Sie über unsere neuen Produkte.
2 Auf unser Angebot haben Sie leider nicht geantwortet.
3 Vielleicht haben Sie unter den Artikeln noch nicht das Richtige gefunden.
4 Wir können Ihnen heute ein ganz besonderes Angebot machen.
5 Wir bekommen ständig positive Rückmeldungen von unseren Kunden.
6 Wir freuen uns, dass wir Ihnen in der Zeit vom 01.03. bis 31.05. einen zusätzlichen Rabatt von 15% gewähren können.
7 Unser Fachberater besucht Sie gern.
8 Wir hoffen, bald von Ihnen zu hören.

a Darüber hinaus können Sie jetzt noch günstiger bei uns einkaufen.
b Das Echo war bislang äußerst positiv.
c Ein Mitglied unseres Beratungsteams steht Ihnen für ein persönliches Gespräch jederzeit zur Verfügung.
d Vor einiger Zeit haben wir Ihnen unseren neuen Prospekt zugeschickt.
e Am besten, Sie rufen einfach bei uns an.
f Sie hatten vermutlich noch keine Zeit, sich unser Angebot genauer anzusehen.
g Leider haben wir bis heute keine Antwort von Ihnen erhalten.
h Wir haben uns etwas ganz Besonderes für Sie ausgedacht.

1							
d							

Übung 2 Rekonstruieren Sie den Brief.

Ein Druckmaschinenhersteller in Bayern hat auf Anfrage ein Angebot nach Bombay geschickt, das bisher ohne Resonanz geblieben ist.

Sehr geehrter Herr Nehrut,

vor ca. acht Wochen haben wir Ihnen ein Angebot ● Wir nehmen an, dass Sie sich noch nicht entschließen konnten, ● über unsere Druckmaschinen gemacht. ● nicht darauf geantwortet. ● Leider haben Sie bisher ● weil Sie die Neuerungen unseres Frühjahrsprogramms abwarten wollten.

Nun, jetzt ist es so weit.

Unseren Technikern ist es gelungen, ● Trotz dieses Fortschritts ● und den Wartungsaufwand weiter zu reduzieren. ● konnten wir die Preise stabil halten. ● die Druckgeschwindigkeit nochmals zu erhöhen

Sollten Sie eher an ● Zur besseren Information schicken wir Ihnen ● Wir hoffen, ● unseren auslaufenden Modellen interessiert sein – ● eine ausführliche technische Beschreibung der neuen Modelle mit. ● bald von Ihnen zu hören ● zu sehr günstigen Konditionen auf Lager. ● wir haben noch einige Maschinen

Mit freundlichen Grüßen

Übung 3 Setzen Sie die fehlenden Wörter ein.

vorbeikommen
erhalten
Sensation
Terminus
über
entschließen
Gerät
wissen
Eigenschaften
interessant
Rabatt
zugeschickt
lässt
zufrieden
letzten
Messe

Sehr geehrte Frau Asböck,

vor etwa sechs Wochen haben wir Ihnen ein Angebot _____ unsere neuen Faxgeräte _____. Leider haben wir von Ihnen bis jetzt noch keine Antwort _____. Kann es sein, dass Sie mit unserer _____ Lieferung nicht _____ waren? Sollte das der Fall sein, lassen Sie uns das bitte _____.

Ganz besonders _____ ist unser neues Modell Fujikato NH-X 1000. Es _____ sich mit den meisten Computern der neuesten Generation kombinieren und war die _____ auf der letzten Büroartikel-_____ in Hannover.

Vielleicht darf unser Mitarbeiter, Herr Landmann, in den nächsten Tagen einmal bei Ihnen _____. Er kann Ihnen dann das _____ mit all seinen revolutionären _____ vorführen. Kann er bei Ihnen wegen eines _____ anrufen?

Wenn Sie sich bis Ende des Monats zu einer Bestellung _____, können wir Ihnen bei einer Bestellung ab 20 Stück einen _____ von 10 % gewähren.

Viele Grüße aus Bremen.

Grammatik

Bildung des Perfekts

Das Perfekt wird mit *haben* oder *sein* und dem Partizip II (siehe Kapitel 4) gebildet.

Die meisten Verben bilden das Perfekt mit *haben*.

- Alle Verben, die ein Akkusativobjekt haben:
  Vor einiger Zeit haben wir Ihnen unseren Prospekt zugeschickt.
- Alle reflexiven Verben:
  Vielleicht haben Sie sich unser Angebot noch nicht angesehen.

Das Perfekt mit *sein* bilden

- Verben, die eine räumliche Veränderung bezeichnen:
  Frau Heese ist gestern zur Buchmesse nach Frankfurt geflogen.
- Verben, die eine Zustandsveränderung bezeichnen:
  Nach dem Tag auf der Messe ist sie abends schnell eingeschlafen.
- sowie die Verben *sein, bleiben, geschehen, gelingen, misslingen, vorkommen*.

Übung 4 Ergänzen Sie die Formen von *haben* oder *sein*.

1 Frau Heese _____ am Sonntag um 9 Uhr in Frankfurt angekommen.
2 Nachmittags _____ sie durch die ganze Stadt gewandert.
3 Dabei _____ sie sich in der Innenstadt verlaufen.
4 Zuerst _____ sie selbst versucht den richtigen Weg zum Hotel zu finden.
5 Das _____ ihr aber nicht gelungen.
6 Dann _____ sie einen Passanten gefragt, der ihr aber auch nicht den richtigen Weg gezeigt _____ .
7 Schließlich _____ sie dann ein Taxi gerufen und _____ so zum Hotel zurückgefahren.
8 Am Montag _____ sie auf der Buchmesse gewesen und _____ sich über die wichtigsten Neuerscheinungen informiert.
9 Am Dienstag _____ sie mit zwei Autoren gesprochen und _____ mit ihnen zum Essen gegangen.
10 Am Dienstagnachmittag _____ sie sich verspätet, denn sie _____ zu lange beim Stand eines Fremdsprachenverlags geblieben.
11 Ihre Verhandlungen _____ insgesamt gut verlaufen, denn sie _____ zwei Verträge erfolgreich abgeschlossen.
12 Abends _____ sie todmüde nach München zurückgeflogen.

Übung 5 Ergänzen Sie die Antworten im Perfekt. Verwenden Sie dabei Pronomen.

Wann beginnt die Konferenz?	*Sie hat schon begonnen.*
1 Wann kommt der Intercity an?	
2 Wann rufen Sie Herrn Nehrut an?	
3 Wann schreiben Sie an die Firma Explo?	
4 Wann teilen Sie uns Ihre Lieferbedingungen mit?	
5 Wann unterschreibt Frau Heese den Vertrag?	
6 Wann bucht Herr Schneider den Flug?	
7 Wann fliegt Frau Heese nach Frankfurt?	
8 Wann landet ihre Maschine in München?	
9 Wann kopieren Sie diese Unterlagen?	
10 Wann findet die Sitzung statt?	

Perfekt oder Präteritum?

Es ist Ihnen sicher aufgefallen, dass in den Musterbriefen häufiger das Perfekt als das Präteritum verwendet wird. Wenn Sie selbst Briefe schreiben oder telefonieren – und dabei eine Vergangenheitsform brauchen –, verwenden Sie ebenfalls vor allem das Perfekt.

 Um die Vergangenheit auszudrücken, sollten Sie aber das Präteritum immer verwenden bei den Verben

- *haben* und *sein*
- *dürfen, können, mögen, müssen, sollen* und *wollen* (Modalverben).

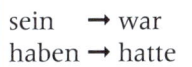 

Übung 6 Setzen Sie die folgenden Sätze ins Präteritum.

1 Leider muss ich den Termin am Montag absagen, weil ich kurzfristig verhindert bin.
2 Herr Müller will sich bei seinem Besuch in Paris mit den französischen Geschäftspartnern treffen, um den Vertrag zu unterzeichnen.
3 Im Konferenzraum darf man nicht rauchen.
4 Wer will, kann am Nachmittag die Ausstellung besuchen.
5 Zwei unserer Manager sind in Kopenhagen. Sie sollen dort in einem Intensivkurs Dänisch lernen.
6 Alle Firmen haben im Herbst die Möglichkeit ihre neuesten Erzeugnisse der Öffentlichkeit vorzustellen.
7 Wir müssen den Kunden mitteilen, dass die bestellten Waren nicht lieferbar sind.
8 Frau Kraus muss dringend nach Hamburg fahren. Sie ist deshalb den ganzen Tag nicht zu erreichen.

Nachfassbrief 53

Temporalsätze: wenn – als

	einmalige Handlung
Gegenwart/Zukunft	*Wenn* Frau Heese nächste Woche nach Frankfurt fährt, besucht sie die Buchmesse.
Vergangenheit	*Als* Frau Heese in Frankfurt war, hat sie die Buchmesse besucht.
	mehrmalige Handlung
Gegenwart/Zukunft	Immer *wenn* Frau Heese in Frankfurt ist, wohnt sie im Hotel „Mirador".
Vergangenheit	Immer *wenn* Frau Heese in Frankfurt war, hat sie im Hotel „Mirador" gewohnt.

Die Temporalsätze antworten auf die Frage: *Wann* …?

Übung 7 Ergänzen Sie *wenn* oder *als*.

1 _____ sie kürzlich in Frankfurt war, hat sie sich in der Innenstadt verlaufen.
2 _____ Sie in Frankfurt sind, sollten Sie unbedingt die Paulskirche besichtigen.
3 Besuchen Sie unseren Stand, _____ Sie auf der Buchmesse sind.
4 _____ ich gestern Herrn Nehrut sprechen wollte, war sein Telefon ständig besetzt.
5 Ich habe vorhin mit Herrn Rörlich gesprochen. Seine Sitzung war schon vorbei, _____ ich bei ihm angerufen habe.
6 Ich rufe Sie an, _____ ich hier fertig bin.
7 Frau Bovary war etwas nervös, _____ sie mit der deutschen Firma telefoniert hat.
8 _____ sie Deutsch spricht, konzentriert sie sich besonders auf die Aussprache.

Schreibtraining

Wichtig
- Fragen Sie den Kunden nach dem Grund der ausbleibenden Bestellung.
- Nennen Sie selbst mögliche Gründe für das Ausbleiben der Bestellung.
- Stellen Sie die besonderen Vorteile Ihrer Waren dar.
- Machen Sie dem Kunden ein Angebot mit verbesserten Bedingungen.
- Bieten Sie verstärkt Beratung an.
- Aber: Drängen Sie sich dem Kunden nicht auf.
- Formulieren Sie bei der E-Mail eine Betreffzeile

Brief
Sie sind: Sherry-Exporteur Buergo, Sevilla, Spanien
Sie schreiben an: Weingroßhandlung Reisch, Augsburg, Deutschland
Sie wollen: nachfragen, was aus Ihrem Angebot über die Lieferung von 200 Flaschen Sherry (siehe E-Mail, Seite 38) geworden ist.

E-Mail
Sie sind: Italfisch-Konservenfabrik, Neapel, Italien
Sie schreiben an: Aro Catering-Service, Köln, Deutschland
Sie wollen: wissen, warum dieser ehemalige Großabnehmer seit einiger Zeit nicht mehr Ihre Fischpaste kauft.

Auftrag/Bestellung – Widerruf

Wenn Ihnen das erhaltene Angebot gefällt, dann erteilen Sie einen Auftrag oder bestellen, wobei *Bestellung* und *Auftrag* zwei Namen für dieselbe Sache sind. Nach einer telefonischen Bestellung sollten Sie Ihren Auftrag sofort schriftlich bestätigen. So kann es gar nicht erst zu Missverständnissen kommen.

Juristisch unterscheidet man zwischen zwei Arten von Aufträgen:

- Ihr Auftrag bezieht sich auf ein freibleibendes Angebot. Dann haben nur Sie sich verpflichtet; das Zustandekommen eines Kaufvertrages hängt vom Lieferanten ab. Das bedeutet, dass er die Bestellung annehmen oder ablehnen kann (siehe Kapitel 7).
- Sie nehmen ein festes Angebot an und begründen damit einen Kaufvertrag. Der Lieferant muss liefern, Sie müssen die Ware abnehmen und bezahlen.

Es sei denn, Sie *widerrufen* Ihren Auftrag, weil Sie ihn aus bestimmten Gründen

- nachträglich ändern oder
- ganz zurückziehen wollen.

Aber Vorsicht: Ihr Widerruf ist nur dann rechtlich wirksam, wenn der Lieferant ihn vor oder spätestens gleichzeitig mit dem Auftrag erhält. Aus diesem Grund widerrufen Sie am besten per Fax.

Bei telefonischem Widerruf senden Sie den schriftlichen Widerruf nach oder lassen sich ihn bestätigen.

Textbeispiele

Korbinian Becker
Calle Calderón de la Barca, 1
41003 Sevilla
Tel.: (5) 421 00 6-31
Fax: (5) 421 00 6-17

Aventura · Calle Calderón de la Barca,1 · 41003 Sevilla

Asia-Sport
Vertrieb für Sportartikel
Augsburger Str. 16–18
86316 FRIEDBERG
DEUTSCHLAND

18.11.20..

Auftrag

Sehr geehrte Damen und Herren,

vielen Dank für Ihr Angebot vom 10.11.20.. sowie die zugeschickten Muster. Wir bestellen:

    300 Handbälle, Nr. 679, Preis EUR … pro Stück
    200 Basketbälle, Nr. 886, Preis EUR … pro Stück
    150 Fitness-Handschuhe, Nr. 1076, Preis EUR … pro Stück

Liefern Sie bitte binnen 6 Wochen frei Haus. Bei Bezahlung innerhalb von zwei Wochen ziehen wir 2 % Skonto ab. Bitte senden Sie uns eine Auftragsbestätigung zu.

Mit freundlichen Grüßen

Mercedes Panadero

Mercedes Panadero

FAX

AVENTURA ARTICOLOS DEPORTIVOS

Calle Calderón de la Barca, 1
41003 Sevilla

Tel.: (5) 421 00 6-31
Fax: (5) 421 00 6-17

Fecha: 20.11.20..
Total de páginas: 1

Asia-Sport
Vertrieb für Sportartikel

Fax 0749 -821-6016299

Unsere Bestellung vom 18.11.20..

Sehr geehrte Damen und Herren,

leider müssen wir unsere Bestellung vom 18.11.20.. teilweise widerrufen, da wir noch genügend Fitness-Handschuhe auf Lager haben.

Für die beiden anderen Posten (300 Handbälle und 200 Basketbälle) erhalten wir unsere Bestellung selbstverständlich aufrecht.

Mit freundlichen Grüßen

Mercedes Panadero

Mercedes Panadero

Formulierungstraining

Übung 1 Setzen Sie die Satzteile richtig zusammen.

1	c

1 Wir danken Ihnen
2 Wir haben Ihre Mustersendung geprüft
3 Wir bitten Sie
4 Wir benötigen die Ware
5 Bitte liefern Sie an
6 Bei Bezahlung binnen 3 Wochen
7 Bitte verpacken Sie

a unsere Spedition Dengler.
b die Ware als Geschenkartikel.
c für Ihr Angebot.
d ziehen wir 2,5% Skonto ab.
e und bestellen:
f unbedingt noch vor Weihnachten.
g um sofortige Bestätigung unseres Auftrags.

Übung 2 Setzen Sie die fehlenden Wörter ein.

Rücksprache
annehmen
wie
abholen
für
nennen
bestelle
spätestens
Zeit
vom
frühesten
bestätigen
Auftrag
gewähren

Sehr geehrte Frau Bueno,

vielen Dank _____ Ihr Angebot _____ 17.09.20..
Nach _____ mit unserem technischen Direktor
_____ ich:

100 Aquatherm Latentwärmespeicher, Best.-Nr. 342a, zum Preis von
EUR … pro Stück

Bitte _____ Sie mir diesen _____ so schnell
_____ möglich und _____ Sie mir den _____
Termin, zu dem wir die Ware mit unserem
Lkw _____ können. Sie muss _____ am 01.11. in
unseren Händen sein, sonst können wir sie nicht mehr _____.

Für die Bezahlung _____ Sie uns bitte 30 Tage
_____.

Mit freundlichen Grüßen

58   Kapitel 6

Übung 3 Bringen Sie die Textteile in die richtige Reihenfolge.

1 Der Kunde, für dessen Bauprojekt wir die Bagger benötigten,
2 wären wir Ihnen für eine Stornierung der Bestellung dankbar.
3 Wenn Sie uns in dieser Sache entgegenkommen,
4 ist zahlungsunfähig geworden.
5 Wir haben bei Ihnen am 14. 01. 20. .
6 haben wir diesen Auftrag widerrufen.
7 Trotz Ablaufs der Widerrufsfrist
8 Durch die Abnahme der Geräte
9 können Sie bald mit neuen Aufträgen rechnen.
10 Mit unserem gestrigen Fax
11 würden auch wir in ernsthafte Zahlungsschwierigkeiten kommen.
12 drei Bagger bestellt.

| 5 | | | | | | | | | | | |

Grammatik

Bedingungssätze

Nehmen wir folgende Situation an: Sie wollen drei neue Fotokopierer kaufen und haben ein Angebot eingeholt. Sie prüfen es; die Bedingung (gutes Angebot) muss erfüllt sein, bevor die Folge (Ihr Auftrag/Ihre Bestellung) eintreten kann.

wenn-Satz: Bedingung	Hauptsatz: Folge
Wenn Ihnen das Angebot gefällt,	(dann) bestellen Sie.

Der *wenn*-Satz ist ein Nebensatz, das konjugierte Verb steht am Satzende.
Oft sind Bedingungssätze und Temporalsätze mit *wenn* nicht eindeutig voneinander zu unterscheiden. Reine Bedingungssätze antworten auf die Frage: *Unter welcher Bedingung …?*

Übung 4 Suchen Sie in den folgenden Sätzen die Bedingung und die Folge. Verbinden Sie dann die beiden Sätze. Beginnen Sie jeweils mit: *Wenn ...*

1 Sie geben uns 15% Rabatt. Wir bestellen die Kopierer bei Ihnen.
2 Wir können Ihnen preislich entgegenkommen. Sie geben uns den Auftrag.
3 Sie bekommen Sonderkonditionen. Sie entscheiden sich bald.
4 Sie rufen uns an. Sie haben an unserem Angebot Interesse.
5 Die gelieferten Waren sind von guter Qualität. Sie können mit weiteren Aufträgen rechnen.
6 Die Firma nimmt das Angebot an. Sie schließt damit einen Kaufvertrag ab.
7 Wir können bald mit den neuen Kopierern arbeiten. Die Firma Canon liefert in Kürze.
8 Wir können die Ware nicht mehr annehmen. Die Firma liefert zu spät.
9 Der Kunde zahlt nicht pünktlich. Wir können ihm keinen Rabatt gewähren.
10 Die Firma verpackt die Ware nicht sachgemäß. Wir nehmen die Lieferung nicht an.

Haben Sie die Angebote verglichen, dann bestellen Sie.

Die Bedingungssätze können auch mit dem Verb beginnen; *wenn* fällt in diesem Fall weg. Die Bedingung steht dann immer an erster Stelle.

Übung 5 Formulieren Sie die Sätze um. Beginnen Sie jeweils mit dem konjugierten Verb und verwenden Sie *dann* im Hauptsatz.

1 Man nimmt ein festes Angebot an. Man muss die Ware abnehmen und bezahlen.
2 Wir können Ihnen preislich entgegenkommen. Sie geben uns den Auftrag.
3 Die gelieferten Waren sind von guter Qualität. Sie können mit weiteren Aufträgen rechnen.
4 Die Firma nimmt das Angebot an. Sie schließt damit einen Kaufvertrag ab.
5 Wir können die Ware nicht mehr annehmen. Die Firma liefert zu spät.

Sollten Ihre Preise konkurrenzfähig sein, erhalten Sie größere Aufträge.

Der Bedingungssatz kann auch mit dem Modalverb *sollen (sollte ...)* beginnen; *wenn* fällt dann weg. Die Bedingung steht immer an erster Stelle.

Übung 6 Formulieren Sie die Sätze um. Beginnen Sie jeweils mit: *Sollte* ...

1 Sie bekommen Sonderkonditionen. Sie entscheiden sich bald.
2 Sie rufen uns an. Sie haben an unserem Angebot Interesse.
3 Wir können bald mit den neuen Kopierern arbeiten. Die Firma Canon liefert in Kürze.
4 Der Kunde zahlt nicht pünktlich. Wir können ihm keinen Rabatt gewähren.
5 Die Firma verpackt die Ware nicht sachgemäß. Wir nehmen die Lieferung nicht an.

bei + Nomen im Dativ	*wenn*-Satz + Verb
Bei Bezahlung innerhalb von zwei Wochen können Sie 2% Skonto abziehen.	*Wenn* Sie innerhalb von zwei Wochen *bezahlen*, können Sie 2% Skonto abziehen.

 Hier handelt es sich um eine Frage des Stils: Die Formulierung mit dem *wenn*-Satz wirkt lebendiger und persönlicher. Falls bereits viele Nebensätze im Kontext vorkommen – oder wenn der Text kurz sein soll – wählen Sie die Formulierung mit Präposition.

Übung 7 Formulieren Sie die Sätze um. Beginnen Sie jeweils mit: *Wenn* ... (Nr. 1 bis 5) oder: *Bei* ... (Nr. 6 bis 10).

1 Bei Nichtgefallen kann die Ware umgetauscht werden.
2 Achten Sie beim Versand der Ware auf sachgemäße Verpackung.
3 Bei sorgfältiger Pflege haben Sie lange Freude an dem Gerät.
4 Bei regelmäßigem Training stellt sich ein positiver Effekt ein.
5 Bei weiteren Fragen wenden Sie sich an unser Team.
6 Wenn Sie Interesse haben, rufen Sie uns bitte an.
7 Wenn Sie den Vertrag abschließen, werden auch die Zahlungsmodalitäten geregelt.
8 Wenn Sie unser Fitnessstudio regelmäßig besuchen, bekommen Sie einen Treuebonus.
9 Unser Trainer berät Sie gerne, wenn Sie Sonderwünsche haben.
10 Wenn Sie Mängel feststellen, müssen Sie sofort reklamieren.

Präpositionen

Übung 8 Ergänzen Sie die Präpositionen.

mit
auf
um
zwischen
für
über
Mit
zur
für
auf
nach
von

Wir beziehen uns _____ Ihr Schreiben vom 30.05.20.. und danken Ihnen _____ Ihr Angebot. Bevor wir eine verbindliche Bestellung aufgeben können, bitten wir Sie aber _____ einige weitere Informationen.

Das Probegerät, das Sie uns _____ Verfügung gestellt haben, hat uns und unsere Kunden überzeugt, die Tastatur des Computers, _____ der der Benutzer sein individuelles Leistungsprofil einstellen kann, reagiert allerdings erst _____ heftigem Druck _____ die jeweiligen Tasten. Außerdem ist die Differenz _____ mittlerem und hohem Leistungsprofil nicht ausgeprägt genug.

Bevor wir uns _____ ein Gerät entscheiden, möchten wir uns _____ eventuelle Alternativmodelle informieren. Können Sie uns _____ Ihrer Seite noch andere Angebote machen?

_____ freundlichen Grüßen

Schreibtraining

Wichtig
- Beziehen Sie sich auf das Angebot, die Empfehlung, die Zeitungsanzeige, den Vertreterbesuch etc.
- Beschreiben Sie genau, was, wie viel und zu welchem Preis Sie bestellen.
- Bestimmen Sie, wann und wie geliefert werden soll.
- Legen Sie fest, wie und wann Sie zahlen wollen.
- Vergessen Sie nicht Ihre Sonderwünsche, z. B. für die Verpackung.
- Bitten Sie um eine Auftragsbestätigung.
- Wenn Sie einen Auftrag widerrufen, dann handeln Sie schnell (am besten per Fax), damit Ihr Widerruf rechtzeitig beim Lieferanten eintrifft.

Brief
Sie sind: Autohaus Ibiza, Barcelona
Sie schreiben an: Bramus GmbH, Auspuffsysteme, Freiburg
Sie wollen: Bramus-Auspuffanlagen für Ihr Zubehörsortiment bestellen

Fax
Sie sind: Versandhaus Niersteiner
Sie schreiben an: Textilfirma Zeus
Sie wollen: einen Auftrag über 1500 Nachthemden widerrufen

Auftragseingang
Annahme – Ablehnung

Annahme

Sie sind derjenige, bei dem bestellt wird. Nach Erhalt der Bestellung schicken Sie dem Kunden eine Auftragsbestätigung, damit es überhaupt zu einem Kaufvertrag kommt. Sie müssen das tun, wenn

- Ihr vorangegangenes Angebot unverbindlich war
- Sie gar kein Angebot vorgelegt haben
- der Kunde Ihr ursprüngliches Angebot modifiziert hat.

Eine schriftliche Auftragsbestätigung ist vor allem bei telefonischen Bestellungen wichtig. Solche Aufträge sind häufig eine Quelle von Missverständnissen – und zwar auf beiden Seiten.

Ablehnung

Bei Ihnen bestellt ein Kunde, jedoch können oder wollen Sie diesen Auftrag nicht ausführen. Zum Beispiel, weil der Kunde

- etwas bestellen will, was Sie gar nicht angeboten haben oder
- auf Ihr Angebot mit einem Gegenangebot zu veränderten Bedingungen reagiert hat.

Dann senden Sie dem Kunden eine schriftliche Ablehnung zu.

Textbeispiele

Hueber

Hueber Verlag GmbH & Co KG
Vertrieb
Max-Hueber-Straße 4
85737 Ismaning
Telefon: +49 - 089 96 02 -0
Telefax: +49 - 089 96 02 -3 58
Internet: http://www.hueber.de
E-Mail: mayer@hueber.de

Hueber Verlag Postfach 11 42 85729 Ismaning

BBE Verlag
Frau Bauer
Postfach 693309
40278 Düsseldorf

13.03.20..

Auftragsbestätigung

Sehr geehrte Frau Bauer,

wir bestätigen Ihren Anzeigenauftrag

vom:	08.03.20..
Zeitschrift:	Zielsprache Deutsch
Ausgabe:	3/20..
Anzeigengröße:	75 x 225 mm
Platzierung:	rechte Seite, rechte Spalte
Preis:	EUR ...

Ihre Druckunterlagen senden Sie uns bitte bis zum 30. April 20.. .

Wir danken Ihnen für diesen Auftrag und wünschen Ihrer Anzeige guten Erfolg.

Mit freundlichen Grüßen

HUEBER VERLAG

Erika Mayer

Vertrieb

Ust(VAT)-Id-Nr. DE 130 002 447
HypoVereinsbank München
(BLZ 700 202 70) Kto. 36 102 500
Postbank München
(BLZ 700 100 80) Kto. 362 38-803
Hueber Verlag GmbH & Co KG,
Amtsgericht München: HRA 49304
Persönlich haftende Gesellschafterin:
Sprachen-Hueber Verlagsges. mbH,
Amtsgericht München: HRB 45498
Sitz der Gesellschaften: Ismaning
Geschäftsführung: Michaela Hueber,
Wolf Dieter Eggert

Überbein & Co.

Orthopädische
Schuhherstellung

Gerhart-Hauptmann-Ring 45
60141 Frankfurt
Telefon 069 36473-68
Fax 069 36473-78
E-Mail: info@ueberbeinortho.de

Hessische Kreditbank
BLZ 300 600 02
Konto 56 673 302

Überbein & Co. · Gerhart-Hauptmann-Ring 45 · 60141 Frankfurt

Schuhhaus Trott
Frau Marianne Jost
Heidschnuckenweg 90
21297 Hamburg

17.08.20..

Ihre Bestellung vom 10.08.20..

Sehr geehrte Frau Jost,

wir danken Ihnen für Ihre Bestellung vom 10.08.20.. über

    50 Paar orthopädische Damenschuhe, Modell „Isabella",
    zum Preis von EUR … je Paar.

Leider können wir Ihnen diese Schuhe nicht liefern. Es handelt sich um ein Auslaufmodell, von dem wir noch einen Restposten auf Lager hatten. Deshalb war unser Angebot unverbindlich.

Wir haben jedoch ein attraktives Alternativangebot für Sie: unser brandneues, aber ganz ähnliches Modell „Arabella" zum Preis von EUR … je Paar. Dieses Nachfolgemodell steht in ausreichender Stückzahl zur Verfügung.

Über eine Bestellung von Ihnen würden wir uns freuen.

Mit freundlichen Grüßen

Überbein

Christoph Überbein

Formulierungstraining

Übung 1   Suchen Sie die Sätze heraus, die eine ähnliche Bedeutung haben.

1	e

1 Über Ihren Auftrag haben wir uns sehr gefreut.
2 Wir werden Ihren Auftrag wie folgt ausführen:
3 Die Lieferzeit beträgt ca. 4 Wochen.
4 Der Versand erfolgt per Luftfracht.
5 Wir werden Ihre Anweisungen genau beachten.
6 Wir würden uns freuen, die gute Zusammenarbeit mit Ihnen in den kommenden Jahren fortzusetzen.

a Wir können innerhalb von einem Monat liefern.
b Wir hoffen, dass unsere Geschäftsbeziehungen auch in Zukunft erfolgreich sein werden.
c Wir werden Ihre Sonderwünsche auf jeden Fall berücksichtigen.
d Sie bestellten zu folgenden Bedingungen:
e Wir danken Ihnen für Ihre Bestellung.
f Die Lieferung geht mit Lufthansa-Cargo an Sie ab.

Übung 2   Setzen Sie die fehlenden Wörter ein.

zu
Leider
auf
ausführen
Bestellung
Preisliste
bisherigen
bestätigen
Verständnis
erhöhen
Aufgrund

Sehr geehrte Damen und Herren,

vielen Dank für Ihre _____. _____ können wir Ihren Auftrag nicht zu den _____ Preisen _____.
_____ von Preiserhöhungen unserer Unterlieferanten mussten wir unsere Preise leicht _____. Wir hoffen _____ Ihr _____ und senden Ihnen unsere neue _____ zu.

Wir würden uns freuen, wenn Sie Ihren Auftrag _____ den neuen Preisen _____ würden.

Mit freundlichen Grüßen

Grammatik

Höfliche Formulierungen

In modernen Geschäftsbriefen schreibt man nicht mehr so umständlich und kompliziert wie früher. Da konnten Sie beispielsweise den folgenden Satz lesen:
Wir wären Ihnen sehr dankbar, wenn es Ihnen möglich wäre, unserem Berater einen Termin zu geben.

Heute formulieren Sie diesen Wunsch direkt:
Bitte geben Sie unserem Berater einen Termin.

Um solche Aufforderungen an einen oder mehrere Partner höflich auszudrücken, benutzt man im Deutschen in schriftlicher wie in mündlicher Kommunikation den Imperativ.

Höflichkeitsform des Imperativs

Infinitiv des Verbs + *Sie*

Kommen	Sie	einfach vorbei.
Überzeugen	Sie	sich selbst.

Oft wird die Aufforderung mit dem Wort *bitte* kombiniert, das dann meistens vor der Äußerung oder im Mittelfeld platziert wird.
Bitte geben Sie unserem Berater einen Termin.
Teilen Sie uns bitte Ihre Lieferbedingungen mit.
Bitte liefern Sie innerhalb von 6 Wochen frei Haus.
Entschuldigen Sie bitte die Verspätung.

Übung 3 Formulieren Sie höfliche Aufforderungen. Achten Sie dabei auf die Pronomen.

Ihr Gesprächspartner soll Ihnen ein Angebot machen.
→ *Bitte machen Sie uns ein Angebot.*

Ihr Gesprächspartner soll …
1 … Ihnen den neuen Katalog zusenden.
2 … Sie über seine Neuentwicklungen informieren.
3 … Ihnen den frühesten Liefertermin mitteilen.
4 … Ihnen den Auftrag bestätigen.
5 … Ihnen 30 Tage für die Zahlung gewähren.
6 … Sie anrufen.
7 … Sie mit der Buchhaltung verbinden.
8 … den Vertrag unterschreiben.
9 … die bestellte Ware morgen abschicken.
10 … die Ware sorgfältig verpacken.
11 … Ihnen die Ware noch vor Weihnachten liefern.
12 … bei seinem nächsten Besuch in München bei Ihnen vorbeikommen.

Eine andere Möglichkeit, höflich zu formulieren, ist der Konjunktiv II. Der Konjunktiv wird in der modernen Geschäftskorrespondenz wesentlich seltener verwendet als früher, weil man heute klar und direkt schreibt.

Folgende Formulierungen sollten Sie vermeiden:	Formulieren Sie direkt:
Wir möchten Sie bitten, uns eine Auftragsbestätigung zu schicken.	Bitte schicken Sie uns eine Auftragsbestätigung.
Es dürfte sich um ein Versehen unserer Buchhaltung handeln.	Leider hat unsere Buchhaltung das übersehen.
Ich würde mir erlauben, Sie morgen anzurufen.	Ich rufe Sie morgen an.

Sie müssen den Konjunktiv aber dann verwenden, wenn Sie sich auf eine hypothetische oder irreale Situation beziehen.

> Konjunktiv: *würde* + Infinitiv des Verbs
>
> Über eine Bestellung würden wir uns freuen.
> Durch den Termin würden auch wir in Zahlungsschwierigkeiten kommen.

Die Konjunktiv-II-Formen der folgenden Verben brauchen Sie häufig:

	sein	**haben**	**werden**
ich	wäre	hätte	würde
du	wärst	hättest	würdest
er, sie, es	wäre	hätte	würde
wir	wären	hätten	würden
ihr	wärt	hättet	würdet
sie, Sie	wären	hätten	würden

Außerdem: können → ich könnte   wollen → ich wollte
müssen → ich müsste   sollen → ich sollte
mögen → ich möchte   dürfen → ich dürfte

Übung 4 Setzen Sie die fehlenden Verben im Konjunktiv II ein.

können
liefern
können
freuen
sprechen
haben
sein
mögen

1 Wann kommt die Ware? – Ich weiß noch nicht. Wir _____ gerne in zwei Wochen _____, aber das hängt von der Herstellung ab.
2 Wir _____ Ihnen sehr dankbar, wenn Sie uns die Ware so bald wie möglich schicken _____.
3 Über eine Bestellung _____ wir uns _____.
4 Ich _____ gern mit Herrn Möllemann _____.
5 Herr Möllemann, ich _____ die Bestellnummer korrigieren.
6 Unser Berater _____ Sie in etwa zwei Wochen besuchen. An welchem Tag _____ Sie Zeit?

mögen – möcht- – wollen

mögen	Sympathie, etwas gern haben: Ich mag Jazz-Musik.
möcht-	höflich für wollen: Ich möchte in ein Konzert gehen.
wollen	Absicht, Wunsch: Ich will nach New York fliegen.

Übung 5 Setzen Sie die richtigen Formen von *möcht-*, *mögen* oder *wollen* ein.

1 Herr Ober! Ich _____ etwas zu trinken bestellen. Aber bitte kein Mineralwasser mit Kohlensäure, ich _____ nämlich keine Kohlensäure.
2 Thomas _____ klassische Musik sehr gern. Ich _____ ihm eine CD von Mozart zum Geburtstag schenken. _____ du dich an dem Geschenk beteiligen?
3 Wir _____ nach Südspanien fahren. _____ du mitkommen? Es fahren einige meiner Freunde mit, also Leute, die du bestimmt _____.

Übung 6 Formulieren Sie höflicher. Verwenden Sie dabei den Konjunktiv.

Tür zu! → Würden Sie bitte die Tür schließen?

1 Fenster auf! _____
2 Was wollen Sie trinken? _____
3 Geben Sie mir den Zucker! _____
4 Wollen Sie noch ein Dessert? _____
5 Zahlen! _____
6 Ich komme morgen bei Ihnen vorbei! _____
7 Informieren Sie mich über die weitere Entwicklung! _____
8 Buchstabieren Sie Ihren Namen! _____
9 Schicken Sie uns Ihre Preisliste zu! _____
10 Wir wollen mit anderen Firmen Kontakt aufnehmen. _____

kennen – wissen

kennen	Informationen, die man durch eigene Erfahrung hat (Person/Sache).
	Ich kenne den Weg. (Ich war schon mal hier.) Ich kenne diese Stadt sehr gut. (Ich habe zwei Jahre in dieser Stadt gewohnt). Woher kennen Sie ihn? (Wo haben Sie ihn kennengelernt?)
wissen	Informationen, die man durch allgemeine Kenntnisse hat (Tatsache).
+ Nebensatz + Akkusativ *wissen über* (+ Akk.)	Wissen Sie, welches Datum wir heute haben? Ich weiß den Weg. (Ich habe die Karte gelesen.) Sie weiß alles über dieses Projekt.

Übung 7 Setzen Sie die richtigen Formen von *kennen*, *wissen* oder *können* ein.

1 _____ Sie Herrn Möllemann?

2 _____ Sie mir sagen, wie lange er schon bei der Firma Asia-Sport arbeitet?

3 Soviel ich _____, hat er vorher in Düsseldorf gearbeitet.

4 _____ Sie, warum er die Stelle dort aufgegeben hat?

5 Nein, das _____ ich nicht, aber ich _____ eine Kollegin von ihm, Frau Schwatzer, die _____ ich mal fragen.

6 Wann _____ Sie uns die Waren liefern?

7 Das _____ ich Ihnen nicht genau sagen. Ich _____ nämlich nicht, ob wir eine ausreichende Menge auf Lager haben.

8 Ich erkundige mich mal bei Herrn Stahl. Er _____ den genauen Lagerbestand.

9 _____ Sie, wann Frau Brummer aus Spanien zurückkommt? Nein, das _____ ich Ihnen leider nicht sagen.

Schreibtraining

Wichtig
- Wenn Sie selbst Bestellungen machen: Bitten Sie immer um eine Auftragsbestätigung.
- Wenn Sie fremde Aufträge ablehnen: Machen Sie dem Kunden – wenn möglich – ein alternatives Angebot.
- Und denken Sie daran: Fassen Sie sich kurz.

Brief I Sie sind: Kunstschreinerei Nagel
Sie schreiben an: Bestattungsunternehmen „Ruhe in Frieden"
Sie wollen: Auftrag über 140 Eichensärge bestätigen

Brief II Sie sind: Geflügelzuchtfirma „Kikeriki"
Sie schreiben an: Kantine der Firma Gelhard
Sie wollen: Auftrag über die Lieferung von 5 000 Hühnerkeulen ablehnen

Brief III Formulieren Sie die folgende Auftragsablehnung weniger umständlich.

Sehr geehrte Damen und Herren,

mit Bezug auf Ihr Schreiben vom 24.03.20.. sehen wir uns gezwungen Ihnen mitzuteilen, dass wir uns außerstande sehen, den Auftrag über 3 000 gelbe Tennisbälle, den Sie in diesem Schreiben erteilt haben, anzunehmen, obwohl wir das sehr gerne getan hätten. Wir freuen uns jedoch Ihnen mitteilen zu können, dass wir in der Lage sind, Ihnen zu besonders günstigen Konditionen 3 000 Tennisbälle in Giftgrün anzubieten. Wir würden uns außerordentlich freuen, wenn wir Ihnen ein entsprechendes Angebot unterbreiten könnten und verbleiben

hochachtungsvoll

Ihr Schreiben vom 24.03.20..

Sehr geehrte Damen und Herren,

leider müssen wir Ihnen _____

_____

_____

_____

_____

_____

_____

_____

Mit freundlichen Grüßen

Lieferung
Versandanzeige – Rechnung

Eine *Versandanzeige* ist üblich, besonders wenn Sie

- größere Mengen eines Artikels
- oder nur einen Teil der bestellten Warenmenge
- oder Güter mit großem Umfang oder Gewicht liefern.

Die *Rechnung* (Handelsrechnung, Faktura) legen Sie entweder bei oder Sie schicken sie nach Auslieferung der Ware mit getrennter Post ab. Vielleicht hat der Kunde ja Reklamationen und es kommt deshalb nachträglich zu Änderungen bei Warenmenge und Rechnungsbetrag.

Die Rechnung enthält

- Angaben über Menge und Art sowie die genaue Bezeichnung der Ware
- Brutto- und Nettopreis sowie die Mehrwertsteuer
- Zahlungsmodi
- eventuell einen Hinweis auf den Exporteur
- unter Umständen auch eine Beglaubigung durch Handelskammer oder Konsulat.

Thompson Motorkomponenten GmbH & Co. KG
Postfach 642, 52075 Aachen

Mitsuoka Ltd.
Herrn Toshiro Yoshikawa
10,3–chome Marunouchi
Chiyoda-ku, TOKYO
JAPAN

19.03.20..

Sehr geehrter Herr Yoshikawa,

heute haben wir Ihre Bestellung vom 16.03.20.. über

    40 Thompson-Kolben SPC 1.400
    40 Thompson-Leichtmetallzylinder XRQ 9.9334

ausgeführt. Die Teile werden mit MS „Tarkowskij" voraussichtlich am 19.05.20.. in Yokohama eintreffen. Die Sendung besteht aus 20 Kolli. Sie sind gemäß Ihren Anweisungen wie folgt markiert:

    MIT
    1–20
    Tokyo via
    Yokohama

Die Kolli 1–10 enthalten die Kolben, Nr. 11–20 die Zylinder. Alle nötigen Angaben finden Sie in beiliegender Rechnung.
Die Versanddokumente haben wir unserer Bank zur Einlösung des Akkreditivs zugeschickt.

Über weitere Aufträge von Ihnen würden wir uns freuen.

Mit freundlichen Grüßen

J. Rörlich
Manager Gussteile

Anlage

Thompson Motorkomponenten GmbH & Co. KG

Zieglerstraße 16 52078 Aachen Telefon 0241 3143-0 Fax 0241 3143-350
Postfach 642   52075 Aachen www.thomoko.de

DOPS Messtechnik GmbH

Postfach 80 00 07 • 80806 München
Muthmannstraße 69 • 80939 München
Tel. 089 31111-0 • Fax 089 31111-17
E-Mail: www.dops.de

Heinrich Lasch GmbH
Herrn Klein
Industriestraße 379
70565 Stuttgart

17.07.20..

Rechnung Nr. 327097

Kundenbestellung: Nr. 974/63
Auftragsbestätigung: 84920
Lieferanschrift:
Art der Lieferung: Gesamtlieferung

Anzahl	Artikel	Einzelpreis	Gesamt
2	Spannungsmessgerät ALPHA 141028	EUR 147,00	EUR 254,00
1	Akkumulator AS 170628	EUR 773,00	EUR 773,00
1	Messgerät OPTICA 220155	EUR 695,00	EUR 695,00

Warenwert netto	EUR 1722,00
19 % Mehrwertsteuer	EUR 327,18
Verpackung	EUR 75,00
Gesamt	EUR 2124,18

Zahlungsbedingungen: netto innerhalb von 30 Tagen

Für alle Lieferungen und Leistungen gelten die umseitig genannten Allgemeinen Verkaufs- und Lieferbedingungen. Reklamationen werden nur innerhalb von 14 Tagen nach Warenerhalt angenommen.

Diese Rechnung wurde mit EDV erstellt und ist ohne Unterschrift gültig.

Bayern-Bank München, Konto 13434, BLZ 880 900 52 • Bankhaus Dinkel, Konto 9637, BLZ 933 200 16 • Kreditbank Süd, Konto 567951, BLZ 999 180 00

Formulierungstraining

Übung 1 Setzen Sie die Satzteile richtig zusammen.

1 Ihren Auftrag vom 30. 11. 20..
2 Die von Ihnen bestellten Waren
3 In drei Waggons der Deutschen Bahn
4 Die Ware wird voraussichtlich
5 Die Kolli sind gemäß Ihren Anweisungen
6 Alle Angaben über Gewicht und Inhalt der Kolli
7 Wir legen diesem Schreiben
8 Bitte überweisen Sie den Rechnungsbetrag
9 Wir haben Ihr Konto
10 Der Rechnungsbetrag wird
11 Wir haben die Versanddokumente
12 Wir hoffen, dass die Ware
13 Wir sind davon überzeugt, dass Sie
14 Wir würden uns über

a stehen in beiliegender Handelsrechnung.
b zur Einlösung des Akkreditivs unserer Bank übergeben.
c haben wir heute auf Ihren Lkw geladen.
d in gutem Zustand bei Ihnen eintrifft.
e haben wir heute ausgeführt.
f weitere Aufträge von Ihnen freuen.
g mit unserer Lieferung zufrieden sein werden.
h haben wir heute folgende Teile nach Oslo geschickt:
i unsere Rechnung über EUR … bei.
j auf unser Konto bei der Barclays Bank in Rom.
k durch unsere Spedition eingezogen.
l wie folgt markiert:
m mit dem Betrag der beigefügten Rechnung belastet.
n am 11. 10. bei Ihnen eintreffen.

1													
e													

Übung 2 Ordnen Sie den Abbildungen von Versandbehältern die entsprechenden Bezeichnungen zu. Ergänzen Sie jeweils den bestimmten Artikel und die Pluralform.

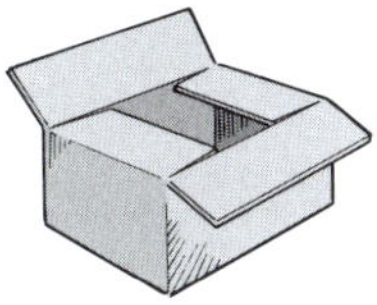

1  _____   4 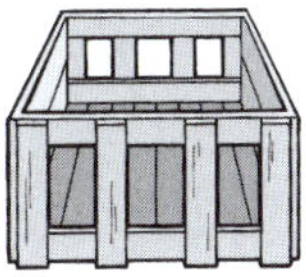 _____   7 _____

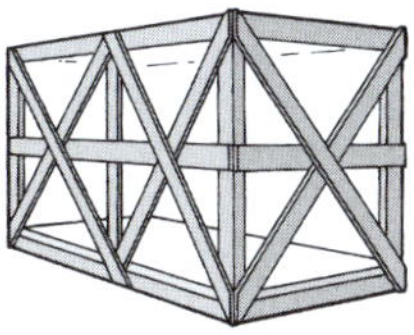

2 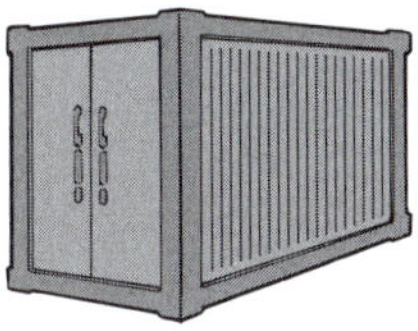 _____   5 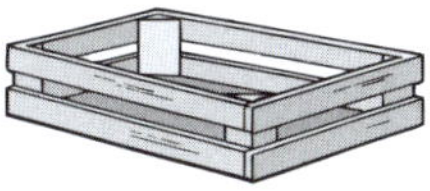 _____   8 _____

3  _____   6 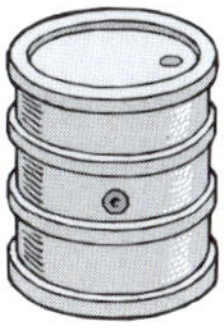 _____   9 _____

Palette	Lattenkiste	Sack
Fass	Trommel	Lattenverschlag
Karton	Container	Holzkiste

Übung 3 Ein Packstück nennt man Kollo. Ordnen Sie die Ziffern der Kollo-Beschriftung jeweils dem entsprechenden deutschen Begriff zu.

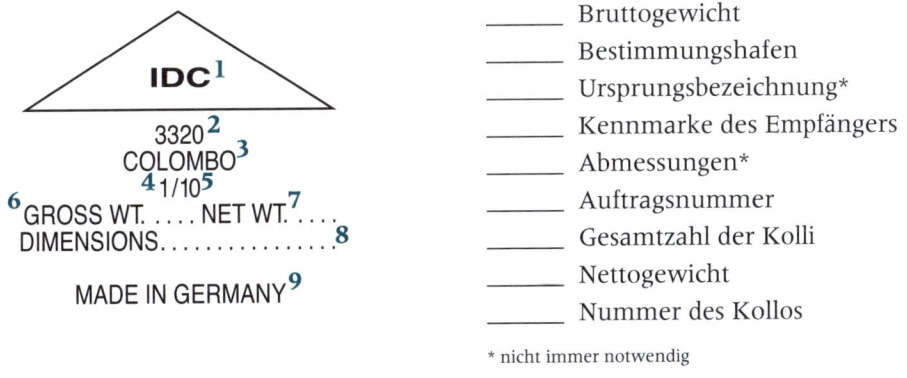

_____ Bruttogewicht
_____ Bestimmungshafen
_____ Ursprungsbezeichnung*
_____ Kennmarke des Empfängers
_____ Abmessungen*
_____ Auftragsnummer
_____ Gesamtzahl der Kolli
_____ Nettogewicht
_____ Nummer des Kollos

* nicht immer notwendig

Lieferung

Übung 4 Ordnen Sie den Abbildungen von Vorsichtsmarkierungen jeweils den entsprechenden deutschen Begriff zu.

Zerbrechliches Packgut
Vor Hitze schützen
Vor Nässe schützen
Keine Handhaken verwenden
Oben
Entzündbare Flüssigkeit

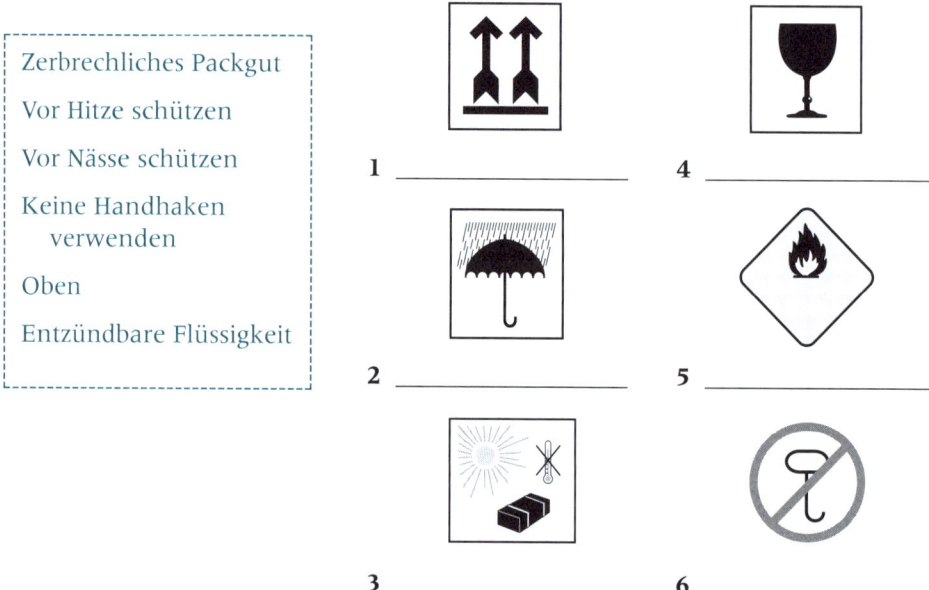

1 _____ 4 _____

2 _____ 5 _____

3 _____ 6 _____

Grammatik

Nomen: n-Deklination

Einige Nomen werden nach der n-Deklination dekliniert; sie sind alle maskulin. Die Anzahl dieser Nomen ist zwar nicht groß, jedoch werden sie im Bereich Geschäftskommunikation immer wieder verwendet.

Zum Vergleich:

	n-Deklination	normale Deklination
Singular		
Nominativ	der Kunde	der Auftrag
Akkusativ	den Kunde**n**	den Auftrag
Dativ	dem Kunde**n**	dem Auftrag
Genitiv	des Kunde**n**	des Auftrags
Plural		
Nominativ	die Kunde**n**	die Aufträge
Akkusativ	die Kunde**n**	die Aufträge
Dativ	den Kunde**n**	den Aufträgen
Genitiv	der Kunde**n**	der Aufträge

- Nach der n-Deklination werden auch die folgenden Nomen dekliniert:

der Mensch	der Grieche	der Kollege	der Soziologe
der Franzose	der Junge	der Pole	der Löwe
der Experte	der Türke	der Biologe	der Affe

- maskuline Nomen auf *-ent, -ant, -ist, -at*

der Produzent	der Lieferant	der Kapitalist	der Bürokrat
der Präsident	der Demonstrant	der Journalist	der Demokrat

- außerdem

  der Herr (des Herrn, die Herren)   der Name (des Namens)
  der Nachbar (des Nachbarn)   der Gedanke (des Gedankens)
  der Buchstabe (des Buchstabens)   der Wille (des Willens)

 Eine Ausnahme in der Gruppe ansonsten maskuliner Nomen der n-Deklination ist *das Herz (des Herzens, dem Herzen)*.

Übung 5   Bilden Sie Sätze nach folgendem Beispiel.

Der Kunde möchte Sie sprechen. (anrufen) → *Ich werde den Kunden anrufen.*

1 Der Kollege möchte Sie sprechen. (anrufen)
2 Der Lieferant möchte Sie sprechen. (telefonieren mit)
3 Herr Rörlich möchte Sie sprechen. (vorbeigehen bei)
4 Der Chef möchte Sie sprechen. (anrufen)
5 Ihr Nachbar möchte Sie sprechen. (vorbeigehen bei)
6 Frau Emmerich möchte Sie sprechen. (morgen anrufen)
7 Unser Spezialist möchte mit Ihnen sprechen. (sprechen mit)
8 Der Assistent möchte mit Ihnen sprechen. (telefonieren mit)
9 Dieser Herr möchte Sie sprechen. (später anrufen)

Übung 6   Setzen Sie die fehlenden Wörter in der richtigen Form ein.

Gedanke
Herr
Kollege
Praktikant
Kunde
Name
Nachbar
Löwe
Herr
Buchstabe

1 Wir haben einen neuen _____ , _____ Möllemann.
2 Er hat das Herz eines _____ .
3 Der Brief geht zu Händen von _____ Yoshikawa.
4 Ich kann mir seinen _____ einfach nicht merken.
5 Wer schreibt die Weihnachtskarten an unsere besten _____ ? – Das ist eine Arbeit für unseren _____ .
6 Endlich mal eine gute Idee! Diesen _____ finde ich wirklich hervorragend.
7 Ich habe mir heute Morgen das Auto meines _____ geliehen.
8 Im Deutschen schreibt man den ersten _____ eines Nomens groß.

Kausalsätze

Die Situation: Die Firma kann die Ware nicht rechtzeitig liefern.
Der Grund: Es gibt einen Streik.
Der Kausalsatz beantwortet die Frage: *Warum* kann die Firma die Ware nicht liefern?

Hauptsatz: Folge	Nebensatz: Grund
Die Firma kann die Ware nicht liefern,	*weil* es einen Streik gibt.
Die Firma kann die Ware nicht liefern,	*da* es einen Streik gibt.
Hauptsatz 1: Folge	Hauptsatz 2: Grund
Die Firma kann die Ware nicht liefern,	*denn* es gibt einen Streik.

Können Sie mir sagen, warum die Firma nicht liefert? – Weil dort seit ein paar Tagen gestreikt wird.

Übung 7 Warum schickt der Lieferant eine Versandanzeige? Antworten Sie im Präsens.
er, abschicken, Warensendung → *Weil er die Warensendung abschickt.*

1 Warenmenge, sein, sehr groß
2 Güter, haben, sehr große Abmessungen
3 Kunde, so wollen, es, ausdrücklich
4 nur ein Teil, Güter, sollen verschickt werden
5 Ware, haben, hohes Gewicht
6 Kunde, wünschen spezieller Versandweg
7 das, sein, üblich, in, diese Branche

Übung 8 Suchen Sie in den folgenden Sätzen den Grund und verbinden Sie die Sätze entsprechend mit *weil*, *da* oder *denn*.

1 Die Firma liefert nicht. Die Firma hat Konkurs gemacht. (weil)
2 Die Summe stimmt nicht. Die Rechnung wird nicht bezahlt. (denn)
3 Der Computer ist ausgefallen. Der Versand klappt nicht. (da)
4 Das Material ist nicht mehr in Ordnung. Die Kisten können nicht mehr benutzt werden. (denn)
5 Der Kunde ist verärgert. Die Ware ist nicht pünktlich gekommen. (weil)
6 Frau Panadero hat die falsche Bestellnummer angegeben. Sie ärgert sich. (denn)
7 Herr Möllemann entschuldigt sich. Er ist unfreundlich gewesen. (weil)
8 Die Firma hat noch Handschuhe auf Lager. Sie widerruft ihre Bestellung. (da)
9 Herr Yoshikawa telefoniert mit der Firma Thompson. Er hat noch eine Frage zur Rechnung. (weil)
10 Die Waren sind aus Glas. Man muss vorsichtig mit dem Paket umgehen. (denn)

Hauptsatz 1: Grund	Hauptsatz 2:	Folge
Es gibt einen Streik,	*deshalb* *darum* *deswegen*	kann die Firma nicht rechtzeitig liefern.

Wenn Sie *deshalb*, *darum* oder *deswegen* verwenden, muss der Grund vorher (im ersten Hauptsatz), die Folge anschließend genannt werden. Diese Sätze sind Hauptsätze; das Verb steht an Position II.

Übung 9 Suchen Sie in den folgenden Sätzen die Folge und verbinden Sie die Sätze entsprechend mit *deshalb*, *darum* oder *deswegen*.

1 Die Firma liefert nicht. Die Firma hat Konkurs gemacht. (deshalb)
2 Die Summe stimmt nicht. Die Rechnung wird nicht bezahlt. (deswegen)
3 Der Computer ist ausgefallen. Der Versand klappt nicht. (deswegen)
4 Das Material ist nicht mehr in Ordnung. Die Kisten können nicht mehr benutzt werden. (deshalb)
5 Der Kunde ist verärgert. Die Ware ist nicht pünktlich gekommen. (darum)
6 Frau Panadero hat die falsche Bestellnummer angegeben. Sie ärgert sich. (deshalb)
7 Herr Möllemann entschuldigt sich. Er ist unfreundlich gewesen. (darum)
8 Die Firma hat noch Handschuhe auf Lager. Sie widerruft ihre Bestellung. (deswegen)
9 Herr Yoshikawa telefoniert mit der Firma Thompson. Er hat noch eine Frage zur Rechnung. (darum)
10 Die Waren sind aus Glas. Man muss vorsichtig mit dem Paket umgehen. (deshalb)

wegen + Nomen im Genitiv	*weil*-Satz + Verb
Wegen des Streiks kann die Firma die Waren nicht rechtzeitig liefern.	Die Firma kann die Waren nicht rechtzeitig liefern, weil es einen Streik gibt.

Die Formulierung mit dem Nebensatz wirkt lebendiger und persönlicher.
Gibt es aber schon viele Nebensätze im Kontext, dann wählen Sie besser die Formulierung mit Präposition.

Lieferung 81

Schreibtraining

Wichtig
- Informieren Sie den Kunden, wann Sie die Ware versenden.
- Nennen Sie ihm den voraussichtlichen Liefertermin.
- Erwähnen Sie, wie Sie die Ware versenden.
- Weisen Sie auf Rechnung und Zahlung hin.

E-Mail
Sie sind: Klavierhersteller Brechstein, Dresden, Deutschland
Sie schreiben an: Klaviervertrieb Adams & Hooper, Melbourne, Australien
Sie wollen: Ihren Kunden über den Versand bestellter Klaviere informieren

Brief
Sie sind: Sie selbst
Sie schreiben an: einen deutschen Kunden Ihrer Wahl
Sie wollen: ihm eine Rechnung schicken

9

Wareneingang
Empfangsbestätigung –
Zahlungsanzeige

Manchmal wünscht die Lieferfirma, dass Sie ihr eine *Empfangsbestätigung* senden, nachdem Sie die Waren erhalten haben. Der Lieferant möchte wissen, ob der Vorgang für ihn abgeschlossen ist.

Wenn Sie als Kunde den Empfang der Ware bestätigen, teilen Sie dem Lieferanten oft gleichzeitig mit,

- wann und
- wie

Sie bezahlen wollen. Diese *Zahlungsanzeige* können Sie entweder separat oder – bei Vorauszahlung – zusammen mit der Bestellung zuschicken.

Textbeispiele

Gasturbinen Mannheim GmbH

Hauserstraße 10
71032 Böblingen

Postfach 10 43
71029 Böblingen

Telefon 07031 2341-0
Telefax 07031 2341-265
www.gas-t-mann.de

Gasturbinen Mannheim GmbH · Postfach 10 43 · 71029 Böblingen

**Akkumulatorenfabrik
Sonnenschein AG
Berliner Str. 20–22
31789 Hameln**

20..-11-03

Empfangsbestätigung mit Zahlungsanzeige

Sehr geehrte Damen und Herren,

der von uns bestellte Prototyp Ihrer neuen Hochtemperaturbatterie ist heute unbeschädigt bei uns eingetroffen. Vielen Dank für die schnelle Lieferung.

Der Rechnungsbetrag in Höhe von EUR … wird noch heute auf Ihr Konto Nr. 307 068 853 bei der Norddeutschen Handelsbank überwiesen.

Mit freundlichen Grüßen

Gasturbinenfabrik Mannheim GmbH
Produktfeld Gasturbinentechnik

i.A. *Sollinger*

Manfred Sollinger

Bankhaus Dreyer & Co, Böblingen
BLZ 504 303 00
Konto 670 058 963
Amtsgericht Böblingen HRB 50303
Geschäftsführer: Hans Meiser
UST(VAT)-ID-Nr. DE 129 030 446

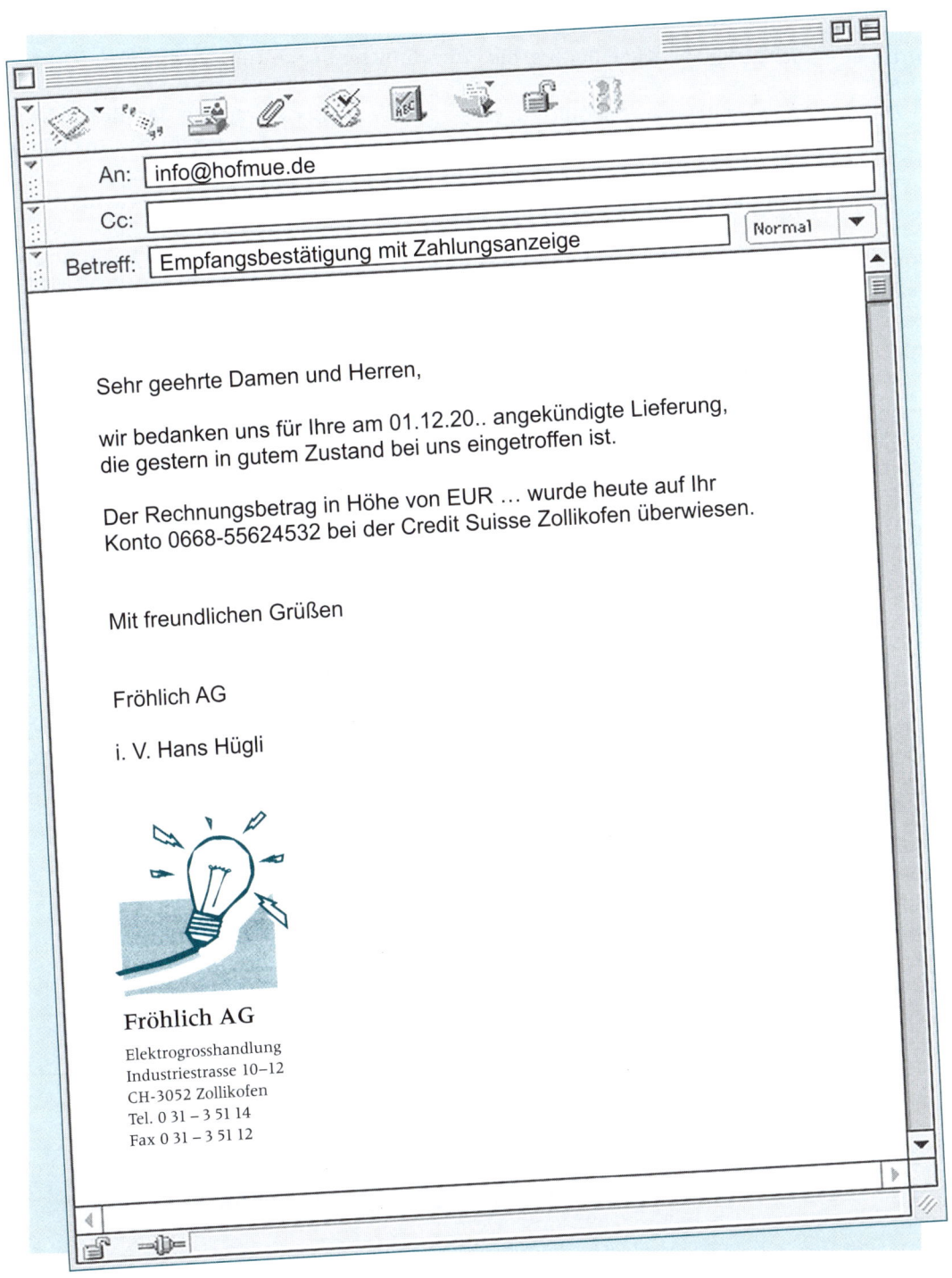

An: info@hofmue.de

Cc:

Betreff: Empfangsbestätigung mit Zahlungsanzeige

Sehr geehrte Damen und Herren,

wir bedanken uns für Ihre am 01.12.20.. angekündigte Lieferung, die gestern in gutem Zustand bei uns eingetroffen ist.

Der Rechnungsbetrag in Höhe von EUR … wurde heute auf Ihr Konto 0668-55624532 bei der Credit Suisse Zollikofen überwiesen.

Mit freundlichen Grüßen

Fröhlich AG

i. V. Hans Hügli

Fröhlich AG
Elektrogrosshandlung
Industriestrasse 10–12
CH-3052 Zollikofen
Tel. 0 31 – 3 51 14
Fax 0 31 – 3 51 12

Formulierungstraining

Übung 1 Suchen Sie die Sätze heraus, die eine ähnliche Bedeutung haben.

1	f

1 Ihre Lieferung ist gestern in einwandfreiem Zustand bei uns eingetroffen.
2 Für die schnelle Zustellung der Ware sind wir Ihnen dankbar.
3 Leider stimmen die in der Rechnung aufgeführte Menge und die tatsächliche Liefermenge nicht überein.
4 Wir senden Ihnen einen Verrechnungsscheck zu.
5 Als Anlage erhalten Sie Ihren Wechsel mit unserem Akzept versehen zurück.
6 Ihre Rechnung über EUR … bezahlen wir per Überweisung.

a Unser Akzept für den Betrag Ihrer Rechnung wird Ihnen unverzüglich zugesandt.
b Diesem Schreiben liegt ein Verrechnungsscheck bei.
c Wir überweisen den Rechnungsbetrag in Höhe von EUR … auf Ihr Konto.
d Sie haben eine größere Warenmenge berechnet, als wir erhalten haben.
e Vielen Dank für Ihre schnelle Lieferung.
f Wir haben Ihre Sendung inzwischen gut erhalten.

Übung 2 Setzen Sie die fehlenden Wörter ein.

deshalb
geht … heraus
erhalten
stimmt … überein
tatsächlichen
Rechnungsbetrag
genannte
Verrechnungsscheck
angekommen
abgezogen
Allerdings

Sehr geehrte Frau Lamers,

vielen Dank für Ihre Lieferung, die wir gestern _____ haben. Sie ist gut _____ . _____ _____ die in der Rechnung _____ Menge nicht mit der _____ Liefermenge _____ .
Wir haben _____ vom _____ EUR … _____ .
Ein _____ in Höhe von EUR … _____ noch heute an Sie _____ .

Mit freundlichen Grüßen

86 Kapitel 9

Grammatik

Passiv

Man benutzt das Passiv, wenn bei einer Information die Handlung im Vordergrund steht – die handelnde Person ist in diesem Fall entweder unbekannt oder nicht so wichtig. Wenn Sie Ihre Korrespondenz formulieren, sollten Sie aber sparsam mit dem Passiv umgehen. Die Formulierungen im Aktiv wirken meist persönlicher, direkter und lebendiger.

Aktiv   Wir begleichen die Rechnung per Überweisung.
Passiv Die Rechnung wird per Überweisung beglichen.

Aktiv   Wir haben die Ware kostenfrei zugestellt.
Passiv Die Ware wurde Ihnen kostenfrei zugestellt.

> Bildung des Passivs: *werden* + Partizip II
>
> Präsens   Die Ware wird zugesandt.
> Präteritum Die Ware wurde zugesandt.
> Perfekt   Die Ware ist zugesandt worden.

 Die Form im Perfekt Passiv ist *worden* (nicht: *geworden*).

Das Akkusativ-Objekt des Aktiv-Satzes wird zum Subjekt des Passiv-Satzes.

Aktiv	Wir überweisen den Rechnungsbetrag noch heute an Sie.
Passiv	Der Rechnungsbetrag wird noch heute an Sie überwiesen.

Wenn das Subjekt des Aktiv-Satzes im Passiv-Satz wichtig ist, wird es mit *von* + Dativ genannt.

Aktiv	Wir beachten Ihre Anweisungen genau.
Passiv	Ihre Anweisungen werden von uns genau beachtet.

Wenn der Aktiv-Satz kein Akkusativ-Objekt hat, dann hat der Passiv-Satz *es* als Subjekt; das Verb steht immer in der 3. Person Singular.

Aktiv	In unserer Firma arbeitet man am Wochenende nicht.
Passiv	Es wird in unserer Firma am Wochenende nicht gearbeitet.

 Stilistisch ist es besser, wenn ein anderer Satzteil an Position I tritt. *Es* fällt dann weg – das Verb bleibt in der 3. Person Singular.

In unserer Firma wird am Wochenende nicht gearbeitet.

 Im Passiv wird *man* nicht verwendet.

Wareneingang   87

Übung 3 Bilden Sie Passiv-Sätze. Achten Sie dabei auf die Zeit.

1 Morgen eröffnet man die Hannover-Messe.
2 Auf der SYSTEMS stellen wir die neuesten Produkte vor.
3 Wir haben Sie umgehend über unsere Neuentwicklung informiert.
4 Bei uns bereitet man die Konferenzen sorgfältig vor.
5 Wir sprechen unsere Kunden persönlich an.
6 Unsere Versandabteilung verpackt die Waren sorgfältig.
7 Unsere Buchhaltung sendet Ihnen einen Scheck zu.
8 Den Rechnungsbetrag überweisen wir auf Ihr Konto.
9 Wir haben die Rechnung per Überweisung bezahlt.
10 Ihre Buchhaltung hat uns zu viel berechnet.

Übung 4 Setzen Sie die Passiv-Sätze ins Aktiv.

1 Der Kopierer wird morgen vom Kundendienst repariert.
2 Die Bestellung wird von uns so schnell wie möglich ausgeführt.
3 Bei Bezahlung innerhalb von zwei Wochen werden von uns 2% Skonto abgezogen.
4 Ihre Sonderwünsche werden von uns berücksichtigt.
5 Ihm ist gekündigt worden.

Passiv mit Modalverben

		Modalverb		**Infinitiv**	
Aktiv	Wir	können	die Ware heute noch	liefern.	
Passiv	Die Ware	kann	heute noch	geliefert werden.	(Präsens)
	Die Ware	konnte	bereits gestern	geliefert werden.	(Präteritum)

Übung 5 Setzen Sie die Sätze ins Passiv. Achten Sie dabei auf die Zeit.

1 Leider müssen wir unsere Bestellung vom 18.05. widerrufen.
2 Wir können Ihren Auftrag nicht ausführen.
3 Wir müssen an der Lösung weiterarbeiten.
4 Den Vertrag muss man unbedingt einhalten.
5 Wir konnten den Zahlungseingang nicht bestätigen.

Übung 6 Setzen Sie die Sätze ins Aktiv.

1 Die Abteilung muss endlich umstrukturiert werden.
2 Der Termin kann von uns nicht weiter hinausgeschoben werden.
3 Mit dem neuen Kopierer kann schon gearbeitet werden.
4 Dieser Vorschlag muss von uns unbedingt überprüft werden.
5 Die Frist kann von uns leider nicht verlängert werden.

Passiv-Ersatz

Man kann eine passivische Bedeutung auch durch Ersatzformen ausdrücken. Diese Konstruktionen haben zusätzlich eine modale Bedeutung, die im Passiv meistens durch das Modalverb *können* ausgedrückt wird.

	Passiv-Konstruktionen
Adjektivsuffix *-bar* Der Termin ist nicht verschiebbar.	Der Termin kann nicht verschoben werden.
Adjektivsuffix *-lich* Er hat eine unleserliche Schrift.	Seine Schrift kann nicht gelesen werden.
sein + zu + Infinitiv Die Schwierigkeiten sind nicht zu vermeiden.	Die Schwierigkeiten können nicht vermieden werden.
lassen + sich + Infinitiv Der Termin lässt sich auf nächste Woche verschieben.	Der Termin kann auf nächste Woche verschoben werden.

Übung 7 Formulieren Sie in eine Passiv-Konstruktion um.

1 Dieser Politiker ist nicht bestechlich.
2 Seine Idee ist nicht zu realisieren.
3 Die anfallenden Kosten lassen sich nicht kalkulieren.
4 Der neue Plan ist auf jeden Fall durchführbar.
5 Der Fehler war auf den ersten Blick nicht zu erkennen.

Übung 8 Ergänzen Sie *-bar* oder *-lich*. Achten Sie dabei auf mögliche Endungen.

1 Benzin ist eine leicht entzünd_____ Flüssigkeit.

2 Unser Außendienstmitarbeiter ist jeden Montag unter der angegebenen Telefonnummer erreich_____ .

3 Bitte Vorsicht! Es handelt sich um zerbrech_____ Material.

4 Die Rechnung ist innerhalb von zwei Wochen zahl_____ .

5 Die neue Maschine ist mit dem Vorgängermodell vergleich_____ .

6 Die Einzelteile werden in unterschied_____ großen Kartons verpackt.

7 Die Ausstellungsstücke sind leider unverkäuf_____ .

8 Für weitere Hinweise wären wir Ihnen sehr dank_____ .

9 Wir haben die erkenn_____ Mängel sofort beseitigt.

Schreibtraining

Wichtig
- Erwähnen Sie, wann und in welchem Zustand Sie die Ware erhalten haben.
- Bedanken Sie sich, wenn Sie mit der Lieferung zufrieden waren.
- Weisen Sie auf eventuelle Differenzen zwischen der berechneten und gelieferten Menge hin.
- Informieren Sie den Lieferanten, wann und wie Sie bezahlen werden.

Brief
Sie sind: Weingroßhandlung Reisch, Augsburg, Deutschland
Sie schreiben an: Sherry-Exporteur Buergo, Sevilla, Spanien
Sie wollen: den Empfang von 200 Flaschen Sherry bestätigen; die Rechnung wird per Verrechnungsscheck beglichen

E-Mail
Sie sind: Spielzeuggeschäft Pinocchio, Bari, Italien
Sie schreiben an: Spielzeughersteller Troll, Hirschhorn, Deutschland
Sie wollen: die Lieferung von 500 Holzzwergen bestätigen; laut Rechnung sind es aber 550 Zwerge. Die Zahlung soll per Überweisung erfolgen.

10
Lieferverzögerung Mahnung – Antwort auf eine Mahnung

Manchmal passiert es, dass Ihr Lieferant nicht rechtzeitig liefert. Wenn Sie mit ihm ursprünglich einen festen Liefertermin vereinbart hatten, kommt er somit in Verzug. Dabei gibt es eine Ausnahme: Ihr Lieferant ist für diese Verzögerung nicht verantwortlich. In diesem Fall spricht man von höherer Gewalt.

Bei nicht erfolgter Lieferung schicken Sie dem Lieferanten eine *Mahnung*. Es ist dann Ihr gutes Recht

- zu verlangen, dass die Firma ihre Lieferpflichten erfüllt und – wenn vertraglich festgehalten – zusätzlich Schadenersatz (Pönale) zahlt.
- in der letzten Mahnung eine angemessene Nachfrist zu setzen und darauf hinzuweisen, dass Sie nach Ablauf dieser Frist die Ware nicht mehr annehmen.

Wenn Ihr Lieferant dann immer noch nicht liefert, dürfen Sie vom Vertrag zurücktreten oder Schadenersatz fordern. Ein guter Lieferant lässt es aber gar nicht erst so weit kommen. Er

- teilt dem Kunden Lieferverzögerungen so schnell wie möglich mit.
- entschuldigt sich und nennt die Gründe.
- gibt bekannt, wann er liefern kann.
- räumt vielleicht von sich aus eine Sonderkondition ein.
- gibt auch offen zu, wenn er überhaupt nicht liefern kann.

So lässt sich der Schaden für beide Seiten begrenzen.

Textbeispiele

Pinkus-Versand Katzenartikel GmbH

Postfach 135　　Telefon 08752 2250-0
84070 Au　　　 Fax 08752 2250-48
Hauptstr. 18-20,　E-Mail
84072 Au　　　 info@pinkus-versand.de

Amtsgericht Au HRB 2347
Geschäftsführer: Dr. Alexander Scholz

Pinkus-Versand　　Postfach 135　　84070 Au

Mizzi GmbH
Friedbergstr. 156
86163 Augsburg

15.06.20..

Unsere Bestellung vom 16.03.20..

Sehr geehrte Damen und Herren,

am 16.03.20.. haben wir bei Ihnen 250 Katzentoiletten vom Typ „Cat-Clean 2000" bestellt. Sie haben uns die Lieferung bis zum 30.04.20.. fest zugesagt. Als wir die Lieferung am 15.05.20.. anmahnten, rief uns Herr Magdeburger an und versprach uns, bis Ende Mai auf jeden Fall zu liefern. Bis heute haben wir nichts erhalten.

Da wir einigen unserer Kunden die Lieferung fest zugesagt haben, bringen Sie uns in große Schwierigkeiten. Wir setzen Ihnen eine Nachfrist bis zum 30.06.20.. Sollten Sie bis dahin nicht liefern, werden wir die Annahme verweigern und auf einen anderen Lieferanten zurückgreifen. Die Mehrkosten werden wir Ihnen dann in Rechnung stellen.

Wir hoffen sehr, dass Sie alles unternehmen werden, um unsere guten Geschäftsbeziehungen nicht zu gefährden.

Mit freundlichen Grüßen

Pinkus-Versand
Vertrieb

Fred Burger

i.A. Fred Burger

Auto Bieler GmbH & Co. KG

Stäblistraße 13 · 81473 München · Telefon 089 79138-84 · Telefax 089 79138-80 · www.autobieler.de

Auto Bieler GmbH & Co. KG · Stäblistraße 13 · D-81473 München

Autolatina S.A.
Humberto 1 No 1010
(1689) Villa Dosch
BUENOS AIRES
ARGENTINA

02.11.20..

Auftrag Nr. 2080 L/87 über die Lieferung von 10 EMW E 280, Akkreditiv 463875 mu/d

Sehr geehrte Damen und Herren,

bitte verlängern Sie o.g. Akkreditiv um einen Monat. Die Verlängerung wird notwendig, da wir für die Umrüstung auf die südamerikanischen Märkte auf Zulieferteile von Unterlieferanten angewiesen sind. Wir haben diese nicht fristgerecht erhalten, sodass wir nicht Ende November, sondern erst Anfang Januar nächsten Jahres liefern können.

Wir sind uns im Klaren darüber, dass wir Ihnen mit dieser Bitte zusätzliche Kosten verursachen und für Sie Schwierigkeiten mit Ihren Kunden entstehen. Als langjährigen Kunden und Großabnehmer für den südamerikanischen Raum bitten wir Sie um Verständnis. Als Entschädigung bieten wir Ihnen einen einmaligen Sondernachlass von 0,3 % pro Auto an.

Mit freundlichen Grüßen

Bieler GmbH & Co. KG

Petra Renner

i.A. Petra Renner

Geschäftsführer: Alexander Bieler
Persönlich haftender Gesellschafter: Manfred Bieler

UST(VAT)-Id-Nr. DE 639 003 582
Amtsgericht München: HRB 69320

Bankhaus Schneider & Klieng, München
Konto 3 61 75-603 (BLZ 705 210 01)

Lieferverzögerung

Formulierungstraining

Übung 1 Setzen Sie die Satzteile richtig zusammen.

1	c

1 Am 17.01.20.. haben wir Müllcontainer bestellt
2 Unsere Bestellung vom 28.02.20.. haben Sie bestätigt
3 Obwohl wir Ihre Versandanzeige bereits vor 14 Tagen erhielten,
4 Aufgrund Ihrer festen Zusage
5 Ihr Lieferverzug
6 Wegen Ihres Verzugs
7 Teilen Sie uns bitte unverzüglich mit,
8 Wir setzen Ihnen
9 Sollte die Ware nicht bis zum 31.07.20.. bei uns eintreffen,
10 Wir werden dann vom Vertrag zurücktreten

a bringt uns in eine sehr unangenehme Lage.
b werden wir die Annahme verweigern.
c und um Lieferung bis zum 18.03.20.. gebeten.
d oder Schadenersatzansprüche geltend machen.
e müssen wir unsere wichtigsten Kunden enttäuschen.
f haben wir unseren Kunden pünktliche Lieferung versprochen.
g wann die Ware spätestens bei uns eintrifft.
h ist Ihre Lieferung bis heute nicht eingetroffen.
i und die Lieferung bis zum 30.04.20.. zugesagt.
j eine Nachfrist bis zum 01.06.20..

Übung 2 Setzen Sie die fehlenden Wörter ein.

Verzögerung
höherer
Schadenersatz
Fertigstellung
geklärt
einhalten
Forderung
beschleunigen
versichern
Lieferant
bedauern
Bescheid
Schaden
befindet
Nachfrist
Erdbeben
Bedarf

Sehr geehrter Herr Marbert,

leider konnten wir die uns gesetzte _____ nicht _____.
Der Grund für diese _____ ist, wie Sie wissen, das schwere
_____ in Kobe (Japan), wo sich ein wichtiger _____
von uns _____. Es war uns nicht möglich, unseren
_____ anderweitig zu decken. Da somit ein Fall _____
Gewalt vorliegt, _____ wir den Ihnen entstandenen
_____ zwar sehr, müssen aber jede _____ auf
_____ ablehnen. Sobald sich die Lage _____ hat,
werde ich Ihnen _____ geben. Ich kann Ihnen _____,
dass wir alles tun werden, um die _____ der Geräte zu _____.

Mit freundlichen Grüßen

Übung 3 Rekonstruieren Sie den Brief.

Herr Nehrut, Geschäftsführer einer Druckerei in Bombay, hat auf das Angebot eines bayerischen Produzenten mit einer Bestellung reagiert. Die zugesagte und bereits angemahnte Lieferung blieb aus.

Sehr geehrter Herr Vorderhuber,

am 19.04.20.. haben wir bei Ihnen ● Die Lieferung ist aber ● dass wir die Anlage bis spätestens 30.06.20.. benötigen. ● In unserem Auftrag haben wir ● Sie haben uns diesen Termin ● immer noch nicht bei uns eingetroffen. ● ausdrücklich darauf hingewiesen, ● am 28.04.20.. auch bestätigt. ● eine Druckmaschine vom Typ 3022 WX bestellt.

Dieser Liefertermin war für uns deswegen so wichtig, ● ist nicht mehr möglich, weil ● vertragliche Verpflichtungen haben, ● weil die alte Druckmaschine nur noch mit halber Kapazität arbeitet. ● Eine Überholung der Anlage oder eine Reparatur ● Da wir gegenüber zahlreichen Kunden ● für diesen Typ keine Ersatzteile mehr hergestellt werden. ● sind wir bereits in große Schwierigkeiten geraten.

Auf eine Mahnung vom 01.07.20.. ● eine Nachfrist bis zum 31.08.20.. ● Sollten Sie bis dahin nicht liefern, ● haben Sie nicht reagiert. ● Für eventuelle Mehrkosten und den bis dahin entstandenen Schaden ● werden wir einen anderen Hersteller beauftragen. ● Deshalb setzen wir Ihnen hiermit ● werden wir Sie haftbar machen.

Mit freundlichen Grüßen

Grammatik

dass-Sätze

Es freut uns,	dass Sie unsere Lage verstehen.
Wir hoffen ,	dass Sie bis Ende Mai liefern werden.
Wir verlassen uns darauf,	dass Sie rechtzeitig liefern.

Die *dass*-Sätze sind Nebensätze. Das Verb steht deshalb am Ende.

Übung 4 Bilden Sie Sätze nach folgendem Beispiel. Benutzen Sie dabei Pronomen.

Wir liefern den Schrank morgen. → *Schön, dass Sie ihn morgen liefern.*

1 Der Kundendienst kommt heute. – Schön, …
2 Die Versandabteilung ist geschlossen. – Schade, …
3 Herr Möllemann, Sie haben den Termin verpasst. – Zu dumm, …
4 Die Firma schickt die Waren heute noch ab. – Schön, …
5 Ich habe den Direktor nicht erreicht. – Zu dumm, …
6 Unsere Buchhaltung überweist den Betrag noch heute. – Gut, …
7 Ich habe die Verpackung extra markiert. – Gut, …
8 Die Firma hat den Abteilungsleiter informiert. – Gut, …
9 Unser Sonderangebot gilt leider nicht mehr. – Schade, …

Infinitivkonstruktionen

> *Wir* hoffen, dass *wir* keine Probleme bekommen.
> Subjekt Hauptsatz = Subjekt Nebensatz → Infinitivkonstruktion:
> *Wir* hoffen keine Probleme *zu* bekommen.
>
> Ich bitte *den Lieferanten*, dass *er* heute anruft.
> Objekt (Person) Hauptsatz = Subjekt Nebensatz → Infinitivkonstruktion:
> Ich bitte *den Lieferante*n, heute an*zu*rufen.
>
> *Es* ist notwendig, dass *man* die Termine einhält.
> Unpersönliches Subjekt in Hauptsatz und Nebensatz → Infinitivkonstruktion:
> *Es* ist notwendig die Termine ein*zu*halten.
>
> Bei trennbaren Verben steht *zu* zwischen dem Präfix und dem Verb.
>
> Nach Verben wie z. B. *wissen, sagen, hören, sehen* kann man keine Infinitivkonstruktion bilden.

Übung 5 Bilden Sie Sätze mit einer Infinitivkonstruktion. Wenn das nicht möglich ist, bilden Sie einen *dass*-Satz.

1 Die Firma verlässt sich darauf – wir liefern noch in diesem Monat
2 Der Kollege erinnert sich daran – der Kunde will morgen früh vorbeikommen
3 Frau Frische versucht – sie verbindet mich mit der Buchhaltung
4 Wir möchten Sie bitten – verlängern Sie das Akkreditiv um einen Monat
5 Es ist uns nicht möglich – wir können Ihnen eine längere Frist einräumen
6 Es ist schwierig – man überzeugt einen Bankdirektor
7 Frau Panadero weiß – sie muss den Chef informieren
8 Es freut uns – wir können Ihnen mitteilen – unser neues Produkt ist auf dem Markt
9 Wir haben Sie ausdrücklich darauf hingewiesen – unsere Produktionsabteilung benötigt die Lieferung Ende des Monats

Zukunft – Futur

Unser Werbeassistent besucht Sie morgen.
Wir liefern erst Anfang nächsten Jahres.
Ich gebe Ihnen bald Bescheid.

Um auszudrücken, dass ein Sachverhalt in der Zukunft stattfindet, wird im Deutschen meistens das Präsens in Verbindung mit einer Temporalangabe benutzt.

Feste Absicht: *werden* + Infinitiv
Sollten Sie nicht pünktlich liefern, werden wir die Annahme verweigern.
Die Mehrkosten werden wir Ihnen in Rechnung stellen.

Hier wird mit der Futurform nicht nur eine zukünftige Handlung ausgedrückt, sondern gleichzeitig die feste Absicht der handelnden Person betont.

Übung 6 Bilden Sie Sätze nach folgendem Beispiel.

Wir haben die Absicht vom Vertrag zurückzutreten.
→ *Wir werden vom Vertrag zurücktreten.*

1 Wir haben die Absicht Schadenersatz geltend zu machen.
2 Wir beabsichtigen alles zu tun, um die Fertigung zu beschleunigen.
3 Wir haben vor, Sie haftbar zu machen.
4 Unsere Firma hat den Plan, auf einen anderen Lieferanten zurückzugreifen.
5 Wir haben die feste Absicht den Termin einzuhalten.
6 Ich habe vor, die Geschäftsleitung zu informieren.
7 Wir haben die Absicht, Ihnen so bald wie möglich Bescheid zu geben.
8 Ich habe vor, Sie sofort zu informieren.
9 Der Prokurist beabsichtigt den Vertrag zu unterschreiben.

Vermutung: *werden* (+ *wohl/wahrscheinlich/vermutlich*) + Infinitiv
Herr Heller wird wohl in der Buchhaltung sein.
Sie wird vermutlich nach Spanien geflogen sein.
Herr Müller wird die Waren wahrscheinlich schon bestellt haben.

 Für die Vergangenheit verwendet man *werden* + Infinitiv Perfekt (*geflogen sein / bestellt haben*).

Übung 7 Bilden Sie Sätze nach folgendem Beispiel.

Ich weiß nicht genau, ob er krank ist. (wohl) → *Er wird wohl krank sein.*

1 Ich glaube, dass er heute noch kommt. (wohl)
2 Ich vermute, dass sie das Fax schon losgeschickt hat. (vermutlich)
3 Wir nehmen an, dass die Firma Terminschwierigkeiten hat. (vielleicht)
4 Ich denke, dass der Filialleiter auch zur Konferenz kommt. (wahrscheinlich)
5 Die Assistentin glaubt, dass sein Flugzeug schon gelandet ist. (wohl)
6 Ich denke, dass der Betriebsrat zu diesem Problem ausführlich Stellung nimmt. (wahrscheinlich)
7 Ich vermute, dass der Abteilungsleiter unsere Unterlagen schon bekommen hat. (vermutlich)
8 Ich glaube, dass er den Vertrag schon unterschrieben hat. (wohl)
9 Ich vermute, dass sich die Firmenleitung an die Vereinbarung hält. (wahrscheinlich)
10 Wir nehmen an, dass sie eine Vereinbarung treffen. (wohl)

Schreibtraining

Wichtig

Wenn Sie mahnen:
- Beziehen Sie sich auf Ihre Bestellung sowie den ursprünglichen Liefertermin.
- Begründen Sie, warum die Verzögerung für Sie so nachteilig ist.
- Setzen Sie Ihrem Lieferanten eine Nachfrist.
- Nennen Sie die möglichen Konsequenzen.

Wenn Sie selber in Verzug sind:
- Teilen Sie dem Kunden am besten selbst mögliche Verzögerungen mit, bevor er Sie mahnt.
- Formulieren Sie Ihr Bedauern und schreiben Sie, warum Sie nicht rechtzeitig liefern konnten.
- Nennen Sie einen neuen Liefertermin.
- Drücken Sie persönliches Engagement aus.

Brief I
Sie sind: Bestattungsunternehmen „Ruhe in Frieden"
Sie schreiben an: Kunstschreinerei Nagel
Sie wollen: Lieferung über 140 Eichensärge anmahnen

Brief II
Sie sind: Kunstschreinerei Nagel
Sie schreiben an: Bestattungsunternehmen „Ruhe in Frieden"
Sie wollen: die telefonisch vereinbarte Lieferung auf obige Mahnung hin bestätigen

Reklamation – Antwort auf eine Reklamation

Haben Sie sich nicht auch schon darüber geärgert, dass Sie eine Lieferung mit Mängeln erhalten haben? Meistens liegen die Mängel in der

- Art (Sie haben die falsche Ware bekommen)
- Menge (Sie haben zu viel oder zu wenig erhalten)
- oder Qualität (die Ware ist verdorben oder beschädigt).

Mängel sind ein Grund, sich beim Lieferanten zu beschweren. Eine solche Beschwerde (Beanstandung, Reklamation) nennt man *Mängelrüge*.

Beachten Sie dabei bitte, dass auch Sie Pflichten haben: Sie müssen die angelieferte Ware sofort prüfen, denn nur bei sofort entdeckten Mängeln können Sie Ihr Recht geltend machen. Sie können dann verlangen, dass die Lieferfirma

- den Vertrag rückgängig macht (Wandlung)
- Ihnen einen Preisnachlass gewährt (Minderung)
- Ersatzware liefert (Umtausch) bzw. die Ware repariert
- oder Schadenersatz leistet.

Bei manchen Lieferungen können Sie nur Stichproben machen; die wirklichen Mängel stellen sich erst später heraus. Man spricht dann von versteckten Mängeln. Für diesen Fall ist eine gesetzliche Beanstandungsfrist von sechs Monaten vorgeschrieben.

Was aber, wenn Sie selber Lieferant sind und von einem Kunden eine Mängelrüge erhalten? Prüfen Sie diese Reklamation genau. Finden Sie heraus, ob sie berechtigt ist.

- Wenn ja, entschuldigen Sie sich beim Kunden und bringen die Angelegenheit schnell in Ordnung.
- Wenn nicht, dann weisen Sie die Beschwerde höflich zurück.

Manche Fälle sind zweifelhaft. Zeigen Sie sich dann lieber kulant. Denn: einen guten Kunden verliert man schließlich nicht gern.

Textbeispiele

Textilfabrik Bussart AG
Frau Hagen
Werinherstr. 15
83644 München

20.06.20..

Ihre Lieferung vom 10.06.20..

Sehr geehrte Frau Hagen,

wir haben Ihre Sendung vom 10.06.20.. erhalten. Leider haben 20 der gelieferten Sakkos kleine Webfehler. Wir werden versuchen, sie zu reduzierten Preisen trotzdem zu verkaufen und schlagen Ihnen deshalb vor, dass Sie uns auf die gesamte Sendung einen Preisnachlass von 10 % gewähren.

Bitte teilen Sie uns mit, ob Sie mit diesem Vorschlag einverstanden sind. Wenn nicht, werden wir Ihnen die schadhaften Exemplare zurückschicken.

Mit freundlichen Grüßen

Modehaus Werner GmbH & Co.KG

i.A. Paul Kristofferson

Modehaus Werner

Modehaus Werner GmbH & Co. KG
Am Schlosswall 6, 24959 Lübeck
Postfach 1203, 24963 Lübeck
Telefon 0461 3652 1-0
Telefax 0461 3652 1-36

Wieber-Bank Flensburg
BLZ 260 400 01
Konto 44 68 900
Amtsgericht Flensburg HRB 8931
Geschäftsführer: Felix Dannhäuser

Textilfabrik Bussart AG

Textilfabrik Bussart AG · Postfach 3603 · 83641 München

Modehaus Werner GmbH & Co.KG
Herrn Kristofferson
Postfach 1203
24959 Flensburg

23.06.20..

Ihr Schreiben vom 20.06.20..

Sehr geehrter Herr Kristofferson,

vielen Dank für Ihr Schreiben vom 20.06.20.. . Es tut uns sehr leid, dass Sie mit einem Teil unserer Lieferung nicht zufrieden sind. Bei unserem Stofflieferanten hat es einige technische Probleme gegeben, die wir selbst leider nicht rechtzeitig bemerkt haben. Wir müssen daher die von Ihnen festgestellten Mängel bestätigen.

Mit Ihrem Vorschlag, dass Sie auf die gesamte Sendung einen Preisnachlass von 10 % erhalten, sind wir einverstanden.

Mit freundlichen Grüßen

Textilfabrik Bussart AG

C. Hagen

ppa. Claudia Hagen

Werinherstraße 15, D-83644 München · Postfach 3603, 83641 München
Telefon 089 653289-0 · Telefax 089 653289-302 · www.bussarttextil.de
Bankhaus Mausch & Co. München · BLZ 700 100 83 · Kto 103 114 402
Postgiroamt München · BLZ 700 100 80 · Kto 362 36-805
UST(VAT)-Id-Nr. DE 129 010 567 · Sitz der Aktiengesellschaft: München · Amtsgericht München: HRB 7193
Vorsitzender des Aufsichtsrates: Dr. Max Meindl · Vorstand: Andreas Glas, Peter Wapneski

Formulierungstraining

Übung 1 Suchen Sie die Sätze heraus, die eine ähnliche Bedeutung haben.

1	b

1 Wir danken Ihnen für die Lieferung.
2 Leider mussten wir feststellen, dass die gelieferte Ware folgende Mängel aufweist:
3 Sie haben sich in der Stückzahl geirrt.
4 Die Farbe stimmt nicht mit dem Muster überein.
5 Wir schicken Ihnen die mangelhaften Exemplare zurück und bitten Sie um Ersatz.
6 Bei einem Preisnachlass von 10 % behalten wir die Ware.
7 Ich hoffe, dass wir uns schnell auf eine Lösung einigen können.

a Von diesem Artikel haben Sie zu viele Exemplare geliefert.
b Wir bestätigen dankend den Erhalt Ihrer Lieferung.
c Die beschädigten Exemplare sollten so schnell wie möglich ersetzt werden.
d Wir hatten die Hemden in Hellblau, nicht in Dunkelblau bestellt.
e Wenn Sie einen Preisnachlass auf die gesamte Lieferung gewähren, betrachten wir die Angelegenheit als erledigt.
f Die Warensendung stimmt in einigen Punkten nicht mit Ihrem Muster überein:
g Die Sache lässt sich hoffentlich schnell bereinigen.

Übung 2 Setzen Sie die fehlenden Wörter ein.

hinweisen
Regelung
vorbeizuschicken
leid
erforderlichen
allerdings
festgestellten
abgelaufen
Obwohl
Garantiezeit
Mängel
Kosten

Sehr geehrte Damen und Herren,

wir haben Ihr Schreiben vom 26.04.20.. erhalten. Es tut uns _____,
dass Sie mit Ihrem Whirlpool „Taifun 2000" solche Probleme haben.

Wir müssen Sie _____ darauf _____, dass die
_____ bereits _____ ist. _____
wir also nicht dazu verpflichtet wären, sind wir bereit Ihnen unseren

Techniker _____. Er wird die von Ihnen _____
_____ prüfen und die _____ Reparaturen

auf unsere _____ durchführen.

Ich hoffe, Sie sind mit dieser _____ einverstanden.

Mit freundlichen Grüßen

Grammatik

Indirekte Fragesätze

Diese Situation kennen Sie bestimmt: Sie stellen eine Frage, und Ihr Gesprächspartner versteht Sie nicht. Sie wiederholen Ihre Frage in indirekter Form.

◀ Wann können Sie liefern?
▶ Wie bitte?
◀ Ich möchte wissen, wann Sie liefern können.

direkte Frage	indirekte Frage
Wann kommt die Lieferung bei uns an? →	Bitte teilen Sie uns mit, *wann* die Lieferung bei uns ankommt.
An wen haben Sie das Fax geschickt? →	Ich möchte wissen, *an wen* Sie das Fax geschickt haben.

Die Fragewörter und Präpositionen (*wann, an wen*) der direkten Frage werden auch bei der indirekten Frage verwendet. Ist bei der direkten Frage kein Fragewort vorhanden, dann steht in der indirekten Frage die Konjunktion *ob*.

| Sind Sie mit dem Vorschlag einverstanden? | → Bitte teilen Sie uns mit, *ob* Sie mit dem Vorschlag einverstanden sind. |

 Bei allen indirekten Fragesätzen steht das konjugierte Verb am Ende. Nach einem indirekten Fragesatz steht kein Fragezeichen.

Übung 3 Bilden Sie indirekte Fragesätze.

1. Warum haben die Sakkos kleine Webfehler? – Wir möchten wissen, …
2. Können Sie uns einen Preisnachlass von 10% geben? – Ich möchte wissen, …
3. Sind Sie mit dem Vorschlag einverstanden? – Bitte teilen Sie uns mit, …
4. Wo können wir die Ware in Empfang nehmen? – Wir möchten wissen, …
5. Wie hoch ist die Mehrwertsteuer auf diese Waren? – Bitte sagen Sie uns, …
6. Wann bestätigen Sie Ihren Auftrag? – Bitte teilen Sie uns mit, …
7. Schicken Sie die Lieferung an die neue Adresse? – Wir möchten wissen, …
8. Haben Sie der Firma schon ein Fax geschickt? – Ich möchte wissen, …
9. Warum haben Sie die Bestellung rückgängig gemacht? – Teilen Sie uns bitte mit, …
10. Mit wem in der Firma haben Sie gesprochen? – Ich möchte wissen, …
11. Kommt die Lieferung noch in dieser Woche? – Ich weiß nicht, …
12. In welcher Farbe haben wir die Hemden bestellt? – Ich sehe mal nach, …
13. Führen wir die Reparaturen auf unsere Kosten aus? – Ich weiß nicht, …
14. Ist die Garantiezeit schon abgelaufen? – Sehen Sie doch bitte mal nach, …
15. Welche Lieferfrist hat die Firma? – Fragen Sie doch bitte nach, …

Konzessivsätze

Die Firma Lush bekommt mehrere Reklamationen wegen des Whirlpools „Taifun 2000", allerdings erst nach Ablauf der Garantiezeit. Da die Firma ihre Kunden nicht verlieren will, entschließt sie sich dazu, die Whirlpools trotzdem auf ihre Kosten zu reparieren.

Gegengrund	Situation
Obwohl wir nicht dazu verpflichtet sind,	übernehmen wir die Reparaturkosten.

oder:

Situation	Gegengrund
Wir übernehmen die Reparaturkosten,	*obwohl* wir nicht dazu verpflichtet sind.

Obwohl leitet einen Nebensatz ein, das Verb steht am Satzende.

Man kann diese Information auch mit *trotzdem* ausdrücken:

Situation	unerwartete Folge
Wir sind nicht dazu verpflichtet,	*trotzdem* übernehmen wir die Reparaturkosten.

Trotzdem leitet einen Hauptsatz ein. Der Satz mit *trotzdem* muss an zweiter Stelle stehen.

Übung 4   Verbinden Sie die Sätze zuerst mit *obwohl,* anschließend mit *trotzdem*.

1 Der Kopierer funktioniert nicht. Er wurde schon oft repariert.
2 Der Streik hat die Firma in Schwierigkeiten gebracht. Die Firma hält den Liefertermin ein.
3 Die Garantiezeit ist abgelaufen. Wir nehmen die beanstandeten Exemplare zurück.
4 Die Firma ist nicht dazu verpflichtet. Sie gewährt einen Preisnachlass.
5 Die Ware ist bis heute noch nicht angekommen. Wir haben die Ware per Express geschickt.
6 Der Betrag ist noch nicht gutgeschrieben. Wir haben den Scheck schon vor einer Woche bei der Bank eingereicht.
7 Ihre Überweisung ist noch nicht bei uns eingegangen. Sie haben uns die Zahlung schon lange zugesagt.
8 Wir haben hellblaue Hemden bestellt. Sie haben dunkelblaue Hemden geliefert.
9 Ich habe schon mehrmals bei der Firma angerufen. Ich habe Herrn Möllemann noch nicht erreicht.
10 Er ist ein guter Mitarbeiter. Er hat sehr wenig Geduld.

schon – noch nicht / noch kein
noch – nicht mehr / kein ... mehr

schon = früher als erwartet, bereits	**noch nicht / noch kein**
Die Firma liefert *schon* diese Woche.	Die Firma hat *noch nicht* geliefert.
Der Betrag ist *schon* auf unserem Konto eingegangen.	Der Betrag ist *noch nicht* auf unserem Konto eingegangen.
Wir haben heute *schon* eine Zahlung erhalten.	Wir haben heute *noch keine* Zahlung erhalten.
noch = später/länger als erwartet	**nicht mehr / kein ... mehr**
Tut mir leid, ich kann Sie nicht verbinden, der Kollege telefoniert *noch*.	Er telefoniert *nicht mehr*.
Wollen Sie *noch* etwas warten?	Wir können *nicht mehr* warten.
Wir haben für die Ausführung des Auftrags *noch* viel Zeit.	Wir haben für die Ausführung des Auftrags *keine* Zeit *mehr*.

Übung 5 Formulieren Sie die folgenden Sätze negativ.

1. Ich habe die Firma schon angerufen.
2. Die Firma liefert noch in dieser Woche.
3. Der Kundendienst ist schon informiert.
4. Wir haben noch genügend Faxformulare.
5. Wir haben schon einen Vertrag unterschrieben.
6. Der Mitarbeiter kommt heute noch zurück.
7. Herr Möllemann hat schon ein Angebot abgeschickt.
8. Die Garantiezeit ist schon abgelaufen.
9. Der Vertrag kann noch rückgängig gemacht werden.
10. Er hat noch weitere Beanstandungen.

Schreibtraining

Wichtig

Wenn Sie eine Reklamation formulieren:
- Bestätigen Sie, dass Sie die Ware erhalten und geprüft haben.
- Benennen Sie die Mängel so präzise wie möglich.
- Fordern Sie den Lieferanten auf, Stellung zu nehmen und
- nehmen Sie eventuell Ihre Rechte als Käufer in Anspruch.

Wenn Sie selbst eine Reklamation erhalten:
- Betonen Sie, dass Sie die Einwände sorgfältig geprüft haben.
- Erkennen Sie die Reklamation an und entschuldigen Sie sich
- oder weisen Sie nach, dass die Beschwerde nicht berechtigt ist.
- Akzeptieren Sie den Vorschlag bzw. die Aufforderung des Kunden
- oder schlagen Sie selbst eine Lösung vor.

Herr Heimleiter!

ich bin hier seit zwei Wochen, um mich von meinen vier Kindern und meinem Mann zu erholen. Ich muss sagen, dass ich Ihr Sauerkraut, das hier jeden zweiten Tag serviert wird, unmöglich finde. Ich esse Sauerkraut für mein Leben gern – auch jeden zweiten Tag –, aber nicht in dieser schlechten Qualität! Es ist nicht nur viel zu sauer, sondern es hat einen komischen Beigeschmack, der an einen feuchten Keller erinnert. Ich will, dass Sie das sofort ändern, sonst hole ich meinen Mann!

Das wär's!!

Brief I

Sie sind: Müttererholungsheim „Mother & Fun", Mittenwald, Deutschland
Sie schreiben an: Sauerkrauthersteller Stutental, Heidelberg, Deutschland
Sie wollen: sich beschweren, dass die letzte Sauerkrautlieferung einen merkwürdigen Beigeschmack hatte. Schreiben Sie außerdem einen freundlichen Brief an die Mutter.

Brief II

Sie sind: Sauerkrauthersteller Stutental
Sie schreiben an: Müttererholungsheim „Mother & Fun"
Sie wollen: die Beschwerde zurückweisen (Hinweis auf ein altes Hausrezept), den Kunden aber nicht verlieren

12 Zahlungsverzögerung Mahnung – Antwort auf eine Mahnung

Wenn Ihr Kunde nicht rechtzeitig zahlt, dann schicken Sie ihm zunächst eine *Zahlungserinnerung*. Sie

- machen darin den Kunden auf den noch ausstehenden Rechnungsbetrag aufmerksam,
- fügen eventuell eine Rechnungskopie oder einen Kontoauszug bei und
- fordern den Kunden freundlich – aber bestimmt – zur Überprüfung und Zahlung auf.

Ist dieses Schreiben erfolglos, so beginnen Sie mit der eigentlichen *Mahnung* des Schuldners.

Rechtlich wirksam ist schon die erste Mahnung, in der Sie sich auf die Zahlungserinnerung beziehen und zusätzlich zum geschuldeten Betrag eventuell eine Mahngebühr in Rechnung stellen.

In den weiteren Mahnungen, bevor Sie die Angelegenheit einem Anwalt übergeben, werden Sie deutlicher. Sie

- beziehen sich auf die Zahlungserinnerung und, sofern geschrieben, auf die vorangegangene(n) Mahnung(en) – einschließlich der fälligen Mahngebühr –,
- setzen dem Kunden eine Frist, bis wann er den Betrag bezahlen soll, und
- kündigen bei Nichteinhaltung dieser Frist rechtliche Schritte an.

Bitte beachten Sie: Der Ton sollte zwar von Mahnung zu Mahnung immer bestimmter sein, aber trotzdem höflich bleiben. Sie wollen schließlich keinen Kunden verlieren.

Vielleicht sind ja auch Sie der Schuldner. Dann

- teilen Sie dem Gläubiger die Gründe für Ihren Zahlungsverzug mit und entschuldigen sich,
- weisen Sie darauf hin, dass Sie die Zahlung bereits veranlasst haben, oder
- bitten Sie ihn – falls Sie in finanziellen Schwierigkeiten sind – um einen Zahlungsaufschub.

Textbeispiele

Sauter GmbH & Co.KG
Abt. M-EP
Postfach 1560
56805 Cochem

earthwind deutschland
recycling gmbh
bahnstraße 20
56841 traben-trarbach
postfach 301
56838 traben-trarbach
telefon 06541 43-0
fax 06541 43-21
e-mail info@earthwind.com

11.12.20..

Mahnung

Sehr geehrte Damen und Herren,

bei Durchsicht unserer Konten haben wir festgestellt, dass Sie die nachstehend aufgeführte Rechnung trotz Zahlungserinnerung vom 10.11.20.. noch nicht bezahlt haben:

    Rechnung Nr. SA93S01430 vom 02.09.20..
    fällig am 02.10.20..
    EUR 95.000,00

Wir bitten um Überprüfung und Überweisung des fälligen Betrags zuzüglich einer Mahngebühr von EUR 100,00 in den nächsten Tagen. Sollten Sie die Zahlung bereits veranlasst haben, betrachten Sie dieses Schreiben bitte als gegenstandslos.

Sie haben noch Fragen? Dann zögern Sie nicht, mich unter 06541 43-265 anzurufen oder mir eine E-Mail zu schicken (zaum@earthwind.com).

Mit freundlichen Grüßen

Earthwind Deutschland

ppa. Margarethe Zaun

deutsche bank traben-trabach
blz 205 600 03
konto 765 800 980
amtsgericht traben-trarbach
hrb 905
geschäftsführer: axel günzdorff

Sauter GmbH & Co.KG
Abt. M-EP
Postfach 1560
56805 Cochem

earthwind deutschland
recycling gmbh
bahnstraße 20
56841 traben-trarbach
postfach 301
56838 traben-trarbach
telefon 06541 43-0
fax 06541 43-21
e-mail info@earthwind.com

12.01.20..

Zweite Mahnung

Sehr geehrte Damen und Herren,

für die nachstehend aufgeführte Rechnung konnten wir trotz Zahlungserinnerung vom 10.11.20.. und Mahnung vom 11.12.20.. bisher noch keinen Zahlungseingang feststellen:

Rechnung Nr. SA93S01430 vom 02.09.20..
fällig am 02.10.20..
EUR 95.000,00

Für die Begleichung der überfälligen Rechnung zuzüglich der Mahngebühr von EUR 100,00 setzen wir Ihnen eine Frist bis zum 31.01.20.. Ab sofort müssen wir Ihnen leider Verzugszinsen in Höhe von 0,5 % pro Monat berechnen.

Mit freundlichen Grüßen

Earthwind Deutschland

ppa. Margarethe Zaun

deutsche bank traben-trarbach
blz 205 600 03
konto 765 800 980
amtsgericht traben-trarbach
hrb 905
geschäftsführer: axel günzdorff

Sauter GmbH & Co.KG
Abt. M-EP
Postfach 1560
56805 Cochem

earthwind deutschland
recycling gmbh
bahnstraße 20
56841 traben-trarbach
postfach 301
56838 traben-trarbach
telefon 06541 43-0
fax 06541 43-21
e-mail info@earthwind.com

14.02.20..

Dritte Mahnung

Sehr geehrte Damen und Herren,

für die nachstehend aufgeführte Rechnung konnten wir trotz Zahlungserinnerung vom 10.11.20.. und zweier Mahnungen vom 11.12.20.. und 12.01.20.. bisher noch keinen Zahlungseingang feststellen:

    Rechnung Nr. SA93S01430 vom 02.09.20..
    fällig am 02.10.20..
    EUR 95.000,00

Für die Begleichung der überfälligen Rechnung zuzüglich der Mahngebühr setzen wir Ihnen eine letzte Frist bis zum 28.02.20.. Sollte bis dahin der Betrag nicht bei uns eingegangen sein, sehen wir uns leider gezwungen, rechtliche Schritte gegen Sie einzuleiten.

Mit freundlichen Grüßen

Earthwind Deutschland

ppa. Margarethe Zaun

deutsche bank traben-trarbach
blz 205 600 03
konto 765 800 980
amtsgericht traben-trarbach
hrb 905
geschäftsführer: axel günzdorff

UNIVERSITÄT DES SAARLANDES
FACHBEREICH 8 — NEUERE SPRACH- UND LITERATURWISSENSCHAFTEN
FACHRICHTUNG 8.2 — Romanistik

Universität des Saarlandes · Postfach 151150 · 66041 Saarbrücken

Hueber Verlag GmbH & Co KG
Max-Hueber-Straße 4
85737 Ismaning

Ihr Zeichen
Ihre Nachricht vom
Unser Zeichen

Saarbrücken,   den 20.08.20..

**Bibl. Mod. Fremdsprachenunterricht (Abo)
Ihre Mahnung vom 12.08.20..
Belegnummer 151109**

Sehr geehrte Damen und Herren,

Ihre Rechnung haben wir am 04.05.20.. an das Rechnungsamt der Universität weitergeleitet.

Es ist möglich, dass das Rechnungsamt noch nicht überwiesen hat. Wir werden dies prüfen und gegebenenfalls einen Eilauftrag erteilen. Da es sich sicherlich nur um ein Versehen handelt, möchten wir Sie bitten Ihren Rechtsanwalt nicht einzuschalten.

Bitte haben Sie Verständnis dafür, dass es etwas länger als die von Ihnen gesetzte Frist von acht Tagen dauern kann, bis die Überweisung bei Ihnen eintrifft, da wir auf den genauen Überweisungstag auch keinen Einfluss haben.

Bitte schicken Sie uns ein Antwortfax.

Mit freundlichen Grüßen

IB Romanistik

Hausanschrift: Telefon: 0681 302-2307   e-mail: roman@rz.uni-sb.de   Telefax: 0681 302-4588
Im Stadtwald   302-3257
Gebäude 11
66123 Saarbrücken

Formulierungstraining

Übung 1 Setzen Sie die Satzteile richtig zusammen.

1	c

1. Sicher ist es Ihrer Aufmerksamkeit entgangen,
2. Bei Durchsicht unserer Konten stellten wir fest,
3. Wir bitten Sie, den fälligen Betrag
4. Wir bitten Sie um baldige Bezahlung
5. Sollten Sie die Zahlung bereits veranlasst haben,
6. Trotz unserer Mahnung vom 15.11.20..
7. Leider haben Sie
8. Wir erwarten
9. Wir müssen Ihnen leider
10. Nach Ablauf dieser Frist
11. Sollten Sie bis dahin nicht gezahlt haben,

a auf unsere Zahlungserinnerung vom 03.10.20.. nicht reagiert.
b müssen wir Ihnen Mahnkosten und Verzugszinsen berechnen.
c unsere Rechnung vom 16.03.20.. zu begleichen.
d werden wir rechtliche Schritte gegen Sie einleiten.
e Ihre Zahlung bis spätestens 10.12.20..
f in den nächsten Tagen zu überweisen.
g dass bei Ihnen folgende Rechnung zur Zahlung offen steht:
h der folgenden Rechnung:
i betrachten Sie diesen Brief bitte als gegenstandslos.
j eine Frist bis zum 30.11.20.. setzen.
k haben Sie bis heute nicht gezahlt.

Übung 2 Setzen Sie die fehlenden Wörter ein.

Buchhaltung
für
fällig
fristgerecht
angewiesen
um
umgestellt
ausstehenden
Betrag
begleichen
Verzögerung
überweisen

Sehr geehrte Frau Rau,

Ihre Rechnung Nr. 263-4 war am 12.10.20.. _____.

Leider war es uns nicht möglich, den noch _____ Betrag von EUR ... _____ zu _____,

weil unsere _____ auf ein neues EDV-System _____ wurde.

Wir haben heute unsere Bank _____, den fälligen _____ an Sie zu _____. Wir bitten Sie _____ diese _____ _____ Entschuldigung.

Mit freundlichen Grüßen

Übung 3 Bringen Sie die Textteile in die richtige Reihenfolge.

```
  1    Sehr geehrte Damen und Herren, (a)
_____  auf unser Konto zu überweisen. (b)
_____  ohne weitere Ankündigung (c)
_____  Mit freundlichen Grüßen (d)
_____  Falls zwischenzeitlich eine Zahlung erfolgt ist, (e)
_____  konnten wir für oben genannte Rechnungen (f)
_____  Wir bitten Sie den Betrag bis spätestens 30.05.20.. (g)
_____  nehmen Sie bitte mit Herrn Horn Kontakt auf. (h)
_____  noch keinen Ausgleich finden. (i)
_____  trotz unserer Mahnungen vom 10.03.20.. und 15.04.20.. (j)
_____  keinen Zahlungseingang feststellen können, (k)
_____  Sollten wir bis zu diesem Termin (l)
_____  wird unsere Rechtsabteilung (m)
_____  rechtliche Schritte veranlassen. (n)
```

Grammatik

Temporale Nebensätze

Temporale Nebensätze werden durch eine Konjunktion eingeleitet. Durch die Konjunktion wird die Aktion des Nebensatzes in ein zeitliches Verhältnis zur Aktion im Hauptsatz gesetzt.

bevor
Die Assistentin kontrolliert das Konto, *bevor* sie den Kunden mahnt.
Die Aktion im Hauptsatz liegt zeitlich vor der Aktion im Nebensatz.

während
Während sie den Kontoauszug ausdruckt, klingelt das Telefon.
Die Aktionen in Hauptsatz und Nebensatz laufen gleichzeitig ab.

nachdem

Hauptsatz: Präsens	Nebensatz: Perfekt
Die Firma wartet auf Zahlungseingang,	*nachdem* sie den Kunden gemahnt hat.
Hauptsatz: Präteritum	Nebensatz: Plusquamperfekt
Die Firma wartete auf Zahlungseingang,	*nachdem* sie den Kunden gemahnt hatte.

Die Aktion im Hauptsatz liegt zeitlich nach der Aktion im Nebensatz.

bis
Ich warte im Büro, *bis* der Kunde anruft.
Die Aktion im Hauptsatz endet zu dem Zeitpunkt, an dem die Aktion im Nebensatz beginnt.

Übung 4 Verbinden Sie die Sätze mit *bevor, während* oder *nachdem*. Achten Sie bei *nachdem* auf die Zeit. Beginnen Sie immer mit dem Nebensatz.

1 Er kommt ins Büro. Er zieht seinen Mantel aus. (nachdem)
2 Er setzt sich an seinen Schreibtisch. Er holt sich eine Tasse Kaffee. (bevor)
3 Er gibt einen Text in den Computer ein. Er druckt ihn aus. (nachdem)
4 Er schickt das Fax an die Buchhaltung. Er sucht die Faxnummer der Abteilung heraus. (bevor)
5 Er sucht die Nummer im Verzeichnis. Das Telefon klingelt. (während)
6 Er telefoniert mit einem Kunden. Sein Kollege bringt das Antwortfax. (während)
7 Er liest die Antwort. Er telefoniert mit der Hausbank seiner Firma. (nachdem)
8 Die Bank erteilt die Auskunft. Sie kontrolliert den Anrufer. (bevor)
9 Der Anrufer nennt das Codewort. Er bekommt die gewünschte Information. (nachdem)
10 Die Firma leitet rechtliche Schritte ein. Sie spricht mit ihrem Rechtsanwalt. (bevor)

Übung 5 Bilden Sie aus den kursiv gedruckten Satzteilen temporale Nebensätze mit *bevor, während* oder *nachdem*. Ersetzen Sie dabei jeweils das Nomen, das die Aktion bezeichnet, durch das passende Verb.

Vor der dritten Mahnung kontrolliert der Buchhalter die Zahlungseingänge.
→ *Bevor der Buchhalter zum dritten Mal mahnt*, kontrolliert er die Zahlungseingänge.

1 *Vor der dritten Mahnung* ruft die Assistentin den Kunden an.
2 *Während ihres Telefonats* kommt die aktuelle Post.
3 *Vor dem Weiterleiten der Mahnung an die Rechtsabteilung* informiert sie den Kunden.
4 *Nach dem Telefongespräch* druckt sie den Kontoauszug aus.
5 *Vor der Besprechung der wichtigsten Punkte mit dem Abteilungsleiter* muss sie das Marketing-Meeting organisieren.
6 *Nach der Organisation des Meetings* bestellt sie sofort die Flugtickets.
7 *Nach dem Ende der Konferenz* ruft sie Taxis für die Teilnehmer.
8 *Während der Arbeit* denkt sie oft an ihren Urlaub.
9 *Vor der Abreise* will sie noch die Korrespondenz erledigen.

Übung 6 Ergänzen Sie die Sätze. Beginnen Sie jeweils mit *bis*.

1 Glauben Sie, dass der Kunde noch anruft? – Es dauert sicher noch länger, …
2 Trifft die Banküberweisung innerhalb von zwei Tagen ein? – Es kann länger dauern, …
3 Bekommen wir neue Informationen von der Messe? – Wir warten, …
4 Bleiben alle Teilnehmer bis zum Ende der Konferenz? – Nicht alle Teilnehmer bleiben, …
5 Ist der Kopierer schon repariert? – Es wird noch etwas dauern, …

Übung 7 Was passt zusammen?

1 gerichtliche Schritte   a überweisen
2 die überfällige Rechnung   b ankündigen
3 zur Zahlung   c setzen
4 den Zahlungseingang   d begleichen
5 den Betrag   e auffordern
6 eine Frist   f bestätigen

 Bitte beachten Sie:
überweisen + Akk. + an + Akk.   Wir haben den Betrag gestern an Sie überwiesen.
begleichen + Akk.   Bitte begleichen Sie die Rechnung.

Schreibtraining

Wichtig

Wenn Sie einen Zahlungsverzug anmahnen:
- Tun Sie zunächst so, als hätte der Kunde die Bezahlung einfach vergessen oder übersehen (Zahlungserinnerung).
- Fordern Sie ihn – eventuell mit Mahngebühr – etwas bestimmter zur Zahlung auf (erste Mahnung) – aber ohne moralisierende Vorwürfe.
- Setzen Sie ihm in den folgenden Mahnungen – eventuell mit Berechnung von Verzugszinsen – eine Frist (zweite Mahnung).
- Unterrichten Sie ihn darin über die fälligen rechtlichen Konsequenzen (dritte Mahnung).

Wenn Sie selber in Zahlungsverzug geraten sind:
- Melden Sie sich bei Ihrem Lieferanten schneller als er bei Ihnen, damit Sie gar nicht erst gemahnt werden müssen.
- Entschuldigen Sie sich und nennen Sie ganz offen die Gründe, warum Sie noch nicht gezahlt haben.
- Bitten Sie den Lieferanten eventuell um eine Verlängerung der Zahlungsfrist.
- Zeigen Sie Ihr Bemühen, dass Sie Ihren Zahlungsverpflichtungen so schnell wie möglich nachkommen wollen.

Brief I Sie sind: Polstermöbelfabrik Boneschi, Neapel, Italien
Sie schreiben an: Schlafzimmer Raimund, München, Deutschland
Sie wollen: die Münchner Firma an die Zahlung der Rechnung vom 26.04.20.. über die Lieferung von 10 Doppelbetten „Gigolo" erinnern

Brief II Sie sind: Schlafzimmer Raimund
Sie schreiben an: Polstermöbelfabrik Boneschi
Sie wollen: sich für die Zahlungsverzögerung entschuldigen

Brief III Sie sind: Kunstschreinerei Nagel, Bozen, Italien
Sie schreiben an: Bestattungsunternehmen „Ruhe in Frieden", Nürnberg, Deutschland
Sie wollen: zum dritten Mal die Zahlung von 140 Eichensärgen anmahnen, aber wesentlich freundlicher als im folgenden Brief:

Hallo Sie,

wir haben Sie schon zweimal gemahnt, weil Sie uns noch immer nicht die 140 Eichensärge bezahlt haben, die wir bereits vor drei Monaten geliefert hatten! Jetzt reicht's!! Entweder Sie bezahlen die Rechnung innerhalb von einer Woche oder wir gehen vor Gericht!!!

Mit unfreundlichen Grüßen

13

Zahlungsschwierigkeiten
Versuch einer Einigung

Ist Ihre Firma schon einmal in *Zahlungsschwierigkeiten* gekommen, ohne dass es vorherzusehen war? Wenn so etwas einmal vorkommen sollte, dann

- informieren Sie den Gläubiger über Ihre Lage,
- legen Sie ihm die Gründe dar und
- schlagen Sie ihm eine für beide Seiten akzeptable Lösung vor.

Ein solcher außergerichtlicher Vergleichsvorschlag wird vom Gläubiger oft allein deswegen akzeptiert, weil er auf diese Weise größere Chancen sieht, sein Geld zu erhalten, als wenn der Kunde Konkurs anmelden muss.

Sie haben im Prinzip zwei Möglichkeiten, die fristgerechte Bezahlung einer fälligen Rechnung zu modifizieren:

- Sie bitten um Stundung, also um die Erlaubnis, zu einem späteren Zeitpunkt zu zahlen.
- Sie schlagen Abschlagszahlungen vor, das heißt die Rückzahlung des Gesamtbetrags in Raten.

In beiden Fällen kann der Gläubiger seine Zustimmung allerdings von Zinszahlungen abhängig machen, die der Schuldner leisten muss.

Textbeispiele

Zahnradfabrik Stuttgart AG
Ernst-Reuter-Ring 20–25
70122 STUTTGART
TYSKLAND

Sven Jenssen-Vej 7
3090 Nortborg
Tlf +45 744530-60
Fax +45 744130-66

14.11.20..

Bitte um Stundung

Sehr geehrte Damen und Herren,

am 31.11.20.. wird Ihre Rechnung Nr. 6732/9 vom 31.08.20.. über einen Betrag von EUR 143.767,15 fällig.
Leider sind wir im Moment nicht in der Lage diese Summe zu begleichen, da einer unserer Hauptkunden, die ABX Pumper A/S, Konkurs angemeldet hat. Einige hohe Beträge stehen für uns noch aus.

Wir sind sicher, dass sich die Situation schon bald klären wird, und bitten Sie um einen Zahlungsaufschub von zwei Monaten.

Wir hoffen, dass Sie mit diesem Vorschlag einverstanden sind und uns in dieser schwierigen Lage entgegenkommen können.

Mit freundlichen Grüßen

Donfiss A/S

Sven Johansson

ZAHNRADFABRIK STUTTGART AG

TELEFAX

An / To: Donfiss A / S
Herrn Johansson
Sven-Jenssen-Vej 7
3090 NORTBORG
DÄNEMARK

Ernst-Reuter-Ring 20–25
70122 Stuttgart
Tel. 00 49 0 183-0
Fax 00 49 0 184-1791

Fax-Nr.: 00 45 74 45 30 66

Datum / Date: 20.11.20..

Seite(n) / Page(s) incl. Erstblatt / first page: 1

Ihr Schreiben vom 14.11.20..

Sehr geehrter Herr Johansson,

Ihren Vorschlag vom 14.11.20.. nehmen wir an. Wir sind also mit einer Stundung unserer Rechnung um zwei Monate einverstanden, müssen Ihnen allerdings für diesen Zeitraum Zinsen in Höhe von 1,5% des Rechnungsbetrags berechnen.

Wir hoffen, dass wir Ihnen mit dieser Regelung helfen können. Bitte senden Sie uns per Fax Ihre Antwort.

Mit freundlichen Grüßen

Zahnradfabrik Stuttgart AG

Wolfgang Steinle
Wolfgang Steinle

Formulierungstraining

Übung 1 Suchen Sie die Sätze heraus, die eine ähnliche Bedeutung haben.

1	d

1 Ihre Rechnung in Höhe von EUR … kann ich im Moment leider nicht begleichen.
2 Wir befinden uns momentan in einer schwierigen Lage.
3 Wir möchten Sie daher um einen Zahlungsaufschub bitten.
4 Vielleicht können wir uns auf Abschlagszahlungen einigen.
5 Wären Sie mit einer Anzahlung in Höhe von EUR … einverstanden?
6 Ich versichere Ihnen, dass wir den Betrag bis zum 30.04.20.. bezahlen werden.
7 Mit Ihrem Einverständnis wäre uns sehr geholfen.

a Einen ersten Betrag über EUR … könnten wir Ihnen schon jetzt überweisen.
b Für eine Stundung des Betrags wären wir Ihnen sehr dankbar.
c Wir hoffen, Sie können uns entgegenkommen.
d Unsere Firma ist vorübergehend zahlungsunfähig.
e Unsere Situation ist zurzeit sehr ernst.
f Wir könnten Ihnen eine Zahlung in Raten anbieten.
g Wir garantieren Ihnen, dass wir die Rechnung zum neuen Termin begleichen werden.

Übung 2 Setzen Sie die fehlenden Wörter ein.

schlage … vor
akzeptieren
Abschlagszahlungen
gesamten
fällig
vernichtet
Anfangsbetrag
überweise
Unwetter
ersten Werktag
Vorschlag
in Höhe von
einverstanden

Sehr geehrter Herr Augustin,

am 15.10.20.. haben Sie mir eine Rechnung _____
EUR 98.768,00 geschickt. Sie wird am 31.10.20.. _____.
Leider bin ich zum jetzigen Zeitpunkt nicht imstande den _____
Betrag zu bezahlen. Der Grund ist, dass mir die _____ der letzten
Woche einen Großteil meiner Ernte _____ haben.
Ich _____ Ihnen daher _____, dass ich Ihnen einen
_____ von EUR 20.000,00 _____ und den
Rest in monatlichen _____ in Höhe von jeweils EUR 5.000,00
zahle, fällig zum _____ jeden Monats.
Es wäre eine große Hilfe für mich, wenn Sie diesen _____
_____ würden. Bitte senden Sie mir eine Nachricht, ob Sie
damit _____ sind.

Mit freundlichen Grüßen

Übung 3 Rekonstruieren Sie den Brief.

Sehr geehrte Frau Klein,

es tut uns sehr leid, ● mit einer Stundung unserer Rechnung. ● Zum Glück ist der Schaden ja durch die Versicherung gedeckt, ● dass Ihr Kaufhaus abgebrannt ist. ● Bis zu diesem Zeitpunkt helfen wir Ihnen gerne ● Der neue Fälligkeitstag ist dann also ● Ich denke, dass eine Verschiebung ● der 15.02. ● sodass Sie bald wieder zahlungsfähig sein werden. ● um drei Monate für beide Seiten akzeptabel ist.

Mit freundlichen Grüßen

Grammatik

Relativsätze I

Wir können den Betrag, den wir Ihnen schuldig sind, im Moment leider nicht aufbringen.

Der Relativsatz *den wir Ihnen schuldig sind* bezieht sich auf das Nomen *Betrag*; er erklärt das Nomen genauer. Der Relativsatz steht meistens direkt hinter dem Nomen, das er erklärt.

	maskulin	neutral	feminin	Plural
Nominativ	der	das	die	die
Akkusativ	den	das	die	die
Dativ	dem	dem	der	denen

Die Relativpronomen *der, das, die* werden wie der bestimmte Artikel dekliniert. Nur im Dativ Plural und im Genitiv (siehe Kapitel 14) gibt es eigene Formen.

Der Kunde bleibt Ihnen treu. Sie haben dem Kunden geholfen.
Der Kunde, dem Sie geholfen haben, bleibt Ihnen treu.

Das Relativpronomen richtet sich in Genus und Numerus nach dem Nomen, das erklärt wird (*der Kunde* = maskulin Singular). Der Kasus des Relativpronomens hängt vom Verb des Relativsatzes ab (*helfen* + Dativ).

Das Angebot gilt noch bis zum Ende des Monats. Sie interessieren sich für das Angebot.
Das Angebot, für das Sie sich interessieren, gilt noch bis zum Ende des Monats.

Wenn zum Verb eine Präposition gehört, dann steht diese Präposition vor dem Relativpronomen.

Übung 4 Ergänzen Sie die Relativpronomen.

1 Die Firma sucht einen Partner, _____ daran interessiert ist, den Vertrieb ihrer Waren im asiatischen Raum zu organisieren.
2 Wir wären Ihnen dankbar, wenn Sie uns eine Firma nennen könnten, _____ sich für uns als Ansprechpartner eignet.
3 Es handelt sich hier um ein Unternehmen, _____ in der Lage ist, die Produkte auf dem ostasiatischen Markt einzuführen.
4 Im asiatischen Raum entsteht ein Markt, _____ hohe Zuwachsraten verzeichnet.
5 Die meisten Firmen, _____ wir unseren Katalog zuschicken, haben Bedarf an moderner Bürokommunikation.
6 Der Prospekt, _____ Sie gestern bei uns angefordert haben, enthält alle wichtigen Informationen über unsere Kommunikationssysteme.
7 Grundsätzlich sind schriftliche Angebote, _____ Sie einem Kunden machen, verbindlich.
8 Leider sind die Preislisten, _____ wir Ihnen letzten Monat zugeschickt haben, nicht mehr aktuell.
9 Auch in Zukunft werden sich die Firmen, _____ Sie ein Sonderangebot gemacht haben, an Sie wenden.
10 Der Kunde, _____ wir schnellstmögliche Lieferung versprochen haben, möchte wissen, wann die Ware ankommt.

Übung 5 Verbinden Sie die Sätze. Der zweite Satz ist immer der Relativsatz.

1 Den asiatischen Markt kennen wir seit Langem sehr genau. Sie wollen sich über den Markt informieren.
2 Unsere Firma ist ein Großhandelsunternehmen. Das Unternehmen besteht schon seit 12 Jahren.
3 Oft werden die Aufträge nach politischen Kriterien vergeben. Um die Aufträge konkurrieren Weltfirmen.
4 Unser Beratungsingenieur könnte mit Ihnen einen Termin vereinbaren. Im September ist er in Taiwan.
5 Der Interessent ist Marktführer in Taiwan. Gestern haben wir dem Interessenten per Fax unsere Termine zugeschickt.
6 Soviel wir wissen, ist das Unternehmen kreditwürdig. Mit dem Unternehmen wollen Sie Geschäftsbeziehungen aufnehmen.
7 Wir verkaufen moderne Telefonanlagen. Die Anlagen genügen den höchsten Ansprüchen.
8 Unsere Schnurlostelefone machen den Kundendienst mobil. Ihr Service-Team ist mit den Telefonen jederzeit erreichbar.
9 Der Betrag ist in vier Wochen fällig. Leider können wir den Betrag nicht vollständig begleichen.
10 Aus der schwierigen Lage helfen uns die Zahlungen. Im nächsten Monat erwarten wir die Zahlungen.

Übung 6 Ergänzen Sie die Relativpronomen und die Präpositionen.

> Zur Erinnerung:
>
> arbeiten an + Dat.   abschließen + Akk.
> vertrauen + Dat.   sich verlängern um + Akk.
> ein Angebot machen + Dat.   Interesse haben an + Dat.
> Kredit geben + Dat.   sich entscheiden für + Akk.
> sprechen mit + Dat.   sich spezialisieren auf + Akk.

1 Die Kommunikations-Arbeitsplätze, _____ _____ ihre Mitarbeiter in Zukunft arbeiten, sind mit modernen und effektiven Terminals ausgestattet.
2 Für unsere langjährigen Kunden, _____ wir vertrauen, sind das unsere Sonderkonditionen.
3 Sie sind der einzige Kunde, _____ wir dieses Angebot machen.
4 Die Firmen, _____ wir Kredit geben, sind alle sehr solide.
5 Der Mitarbeiter, _____ _____ Sie sprechen wollten, ist heute leider nicht da.
6 Bitte lesen Sie den Leasingvertrag, _____ Sie abschließen wollen, genau durch.
7 Der Zeitraum, _____ _____ sich der Wartungsvertrag automatisch verlängert, wird fixiert.
8 Wir können Ihnen die Produkte, _____ _____ Sie Interesse haben, leider nicht mehr zu den alten Konditionen anbieten.
9 Das Kommunikationssystem, _____ _____ wir uns entschieden haben, ist zwar teuer, aber modern.
10 Wir haben die Kommunikationssysteme, _____ _____ wir uns spezialisiert haben, mit der neuesten digitalen Infrastruktur ausgestattet.

Schreibtraining

Wichtig

Wenn Sie in unvorhergesehene Zahlungsschwierigkeiten geraten sind:

- Informieren Sie Ihren Lieferanten offen, aber ohne Übertreibung, über Ihre Lage.
- Bitten Sie ihn um eine Stundung oder um Abschlagszahlungen.
- Sichern Sie ihm zu, dann wirklich pünktlich zu zahlen.

Wenn Sie in der Rolle des Gläubigers sind:

- Setzen Sie Ihren Geschäftspartner nicht gleich unter Druck.
- Prüfen Sie aber nach, ob die angegebenen Gründe stimmen – und ob der Vergleich überhaupt einzuhalten ist.
- Sehen Sie auch den Vorteil: Ein Kunde, dem Sie geholfen haben, bleibt Ihnen treu.

Brief I
Sie sind: ABX A/S, Alnabro 7, 4308 OSLO, NORWEGEN
Sie schreiben an: Hess Tec KG, Taunusstr. 10–16, 60329 FRANKFURT, DEUTSCHLAND
Sie wollen: eine Stundung Ihrer Rechnung erreichen – Grund: die Zahlungsunfähigkeit Ihrer russischen Geschäftspartner

Brief II
Sie sind: Hess Tec KG
Sie schreiben an: ABX A/S
Sie wollen: den Vergleich akzeptieren – die entsprechenden Daten und Bedingungen bestimmen Sie selbst

14 Kreditauskunft

Wenn Sie mit einer Firma ein Geschäft planen, bei dem Ihr Unternehmen als Kreditgeber auftritt, sind Sie natürlich daran interessiert zu erfahren, ob Ihr Geschäftspartner kreditwürdig ist. Sie wollen deshalb eine *Kreditauskunft* über ihn. In Deutschland wird damit in der Regel eine Auskunftei beauftragt; manchmal wendet man sich aber auch an einen alten Geschäftspartner, der mit dem neuen Partner schon zusammengearbeitet hat. Oft nennt der potenzielle Geschäftspartner aber auch von sich aus eine Bank, die bevollmächtigt ist Auskunft zu geben.

Ob und wie kreditwürdig eine Firma ist, hängt von vielen Faktoren ab. Wissenswert sind für Sie auf jeden Fall Informationen über

- Betriebsverhältnisse,
- Umsatz und
- Verschuldung.

Natürlich sind solche Auskünfte mit absoluter Diskretion zu behandeln. Deshalb sollten Sie, wenn Sie sich an einen Geschäftspartner wenden,

- auf dem Anschriftenfeld mit *Persönlich/Vertraulich* beginnen und
- den Adressaten vor der Firma nennen; so öffnet er persönlich den Brief.

Dieselbe Vertraulichkeit müssen Sie natürlich auch als Auskunftgeber wahren. Falls Sie diese Auskünfte per E-Mail einholen oder übermitteln, sollten Sie diese Informationen nur verschlüsselt übertragen.

Je nachdem, wie die Auskunft über ihren Geschäftspartner ausfällt, werden Sie von ihm spezielle Sicherheiten fordern, wie zum Beispiel

- eine Bürgschaft (= ein Dritter garantiert die Zahlungsfähigkeit des Schuldners),
- eine Sicherheit (= ein bis zur Rückzahlung überlassenes Eigentum) in Form einer Immobilie oder eines anderen Wertgegenstands.

Zementfabrik

Handschuhsheimer Landstraße 40
69121 Heidelberg

Postfach 530
69124 Heidelberg

Telefon: 06221 46289
Telefax: 06221 182023
E-Mail: info@opp-ze.de

Oppenheim AG · Postfach 530 · 69124 Heidelberg

Persönlich

Herrn
Michael Mächtersheimer
Multicar AG
Funkschneise 20
28309 Bremen

21.04.20..

**Bitte um Auskunft über
Bauunternehmen Statik & Co, München**

Sehr geehrter Herr Mächtersheimer,

die o.g. Baufirma möchte mit uns ins Geschäft kommen und Ware im Wert von ca. 1 Million Euro bestellen. Da wir noch keine Erfahrungen mit diesem Unternehmen als Geschäftspartner gemacht haben und der Auftragswert relativ hoch ist, sind wir natürlich sehr an Informationen über die Geschäftspolitik und Kreditwürdigkeit dieser Firma interessiert.

Wir wären Ihnen sehr dankbar, wenn Sie uns diese Informationen geben könnten, und sichern Ihnen absolute Verschwiegenheit zu. Vielleicht können wir Ihnen bald auch einmal mit einer Auskunft weiterhelfen.

Wir danken Ihnen für Ihre Mühe.

Mit freundlichen Grüßen

ppa. Ferdinand Landers

Volksbank Kurpfalz, Heidelberg
(BLZ 672 902 00) Kto.-Nr. 40 029 027
UST(VAT)-Id-Nr. DE 250 003 539
Sitz der Aktiengesellschaft: Heidelberg
Amtsgericht Heidelberg HRB 854023
Vorsitzender des Aufsichtsrates:
Alexander von Vechmann
Vorstand: Ernst Reuter, Elmar Treptow

Baumaschinen

Multicar AG · Postfach 6530 · 28307 Bremen

Vertraulich

Herrn
Ferdinand Landers
Oppenheim AG
Handschuhsheimer Landstr. 40
69121 Heidelberg

28.04.20..

Ihr Schreiben vom 21.04.20..

Sehr geehrter Herr Landers,

das von Ihnen genannte Unternehmen ist seit vielen Jahren ein guter Kunde von uns, der unsere Forderungen immer pünktlich beglichen hat und eine eher vorsichtige Geschäftspolitik betreibt. Nach meiner Einschätzung können Sie daher auch einen höheren Kredit einräumen.

Ich hoffe, ich konnte Ihnen mit dieser kurzen Information weiterhelfen.

Mit freundlichen Grüßen

ppa. Michael Mächtersheimer

Funkschneise 20	Telefon 0421 7438-0	Bremer Wirtschaftsbank	Vorsitzender des Aufsichtsrates:
28309 Bremen	Fax 0421 7438-326	BLZ 900 530 12	Hermann Lüdenscheidt
Postfach 6530	E-Mail: info@mucag.com	Konto 297 767 8541	Vorstand: Peter Appelt, Heinrich Berndt
28307 Bremen		UST(VAT)-Id-Nr. DE 950 902 440	Amtsgericht Bremen: HRB 7943

Kreditauskunft

Formulierungstraining

Übung 1   Setzen Sie die Satzteile richtig zusammen.

1	c

1 Die o. g. Firma
2 Ihre Firma wurde von Herrn Prinz
3 Ich wäre Ihnen dankbar,
4 Kommt er seinen Zahlungsverpflichtungen
5 Wie schätzen Sie
6 Wie hat sich in der letzten Zeit
7 Wir sichern Ihnen zu,
8 Selbstverständlich behandeln wir
9 Es bietet sich in absehbarer Zeit vielleicht
10 Ich danke Ihnen und hoffe,

a pünktlich nach?
b die Gelegenheit zu einer Gegenleistung.
c möchte mit uns zum ersten Mal ein größeres Geschäft abschließen.
d Ihre Auskünfte mit absoluter Diskretion.
e der Umsatz entwickelt?
f als Referenz genannt.
g wenn Sie uns einige Auskünfte geben könnten.
h dass ich mich bald einmal revanchieren kann.
i dass wir Ihre Auskünfte streng vertraulich behandeln.
j die Liquidität des Unternehmens ein?

Übung 2   Setzen Sie die fehlenden Wörter ein.

behandeln
Auskunft
Zahlungsverpflichtungen
über
allerdings
vermute
zu
seit
nachgekommen
eingeschätzt
reibungslos
expandiert
vertraulich
Verzögerungen
Marktentwicklung

Sehr geehrte Frau Geiger,

die Firma, _____ die Sie _____ wünschen, arbeitet mit uns _____ vielen Jahren zusammen. Früher hat die Zusammenarbeit _____ funktioniert, in letzter Zeit _____ ist sie Ihren _____ häufig nur mit _____ _____. Ich _____, das Unternehmen hat die _____ zu optimistisch _____ und deshalb _____ stark _____.

Bitte _____ Sie diese Auskunft _____.

Mit freundlichen Grüßen

Grammatik

Relativsätze II

Die Kundin ist nicht erreichbar. *Ihre Telefonnummer* (= die Telefonnummer der Kundin) hat sich geändert.
Die Kundin, deren Telefonnummer sich geändert hat, ist nicht erreichbar.

Das Relativpronomen *deren* ersetzt *der Kundin* (Genitivattribut) oder *ihre* (Possessivpronomen).

 Nach dem Relativpronomen im Genitiv steht kein Artikel vor dem folgenden Nomen. Präpositionen bleiben vor dem Relativpronomen.

	maskulin	neutral	feminin	Plural
Genitiv	dessen	dessen	deren	deren

Übung 3 Verbinden Sie die Sätze. Der zweite Satz ist immer der Relativsatz.

1 Eine Marktstudie wird bei einem Marktforschungsinstitut in Auftrag gegeben. Der Name des Instituts soll nicht genannt werden.
2 Das Unternehmen ist mit seinen Produkten international präsent. Seine Kreditwürdigkeit wird geprüft.
3 Der Werbemanager hat eine neue Marketingstrategie entwickelt. Mit seinen Ideen rechnet die Firmenleitung.
4 Die jugendlichen Kunden werden ausführlich befragt. Die Firma will die Produkte an ihren Bedürfnissen orientieren.
5 Die Untersuchung wird in der Fachpresse veröffentlicht. Ihr Ergebnis ist für niemanden überraschend.
6 Die Geräte müssen leicht programmierbar sein. Am Design der Geräte wird noch gearbeitet.
7 Die Gebrauchsanleitung ist zu kompliziert geschrieben. Ihre Terminologie müsste für jeden verständlich sein.
8 Fachwortschatz sollte man nicht benutzen. Seine Bedeutung verstehen nur Spezialisten.
9 Die Produktionsphase der Funktelefone wird jetzt geplant. Die Leistung der Funktelefone muss überzeugend sein.
10 Das Logo der Firma ist international bekannt. Über die Werbekampagne der Firma wird in der Öffentlichkeit diskutiert.

Relativsätze mit *wo*

> Das Gebäude, *in dem* sich unsere Filiale befindet, wird saniert.
> Das Gebäude, *wo* sich unsere Filiale befindet, wird saniert.
> Nach einer Ortsangabe kann *in* + Relativpronomen durch *wo* ersetzt werden.
>
> In München, *wo* wir den höchsten Umsatz machen, haben wir 14 Filialen.
> Nach Städte- oder Ländernamen gebraucht man immer *wo*.

Übung 4 Verbinden Sie die Sätze. Notieren Sie alle Möglichkeiten.

1 Dieses Schnellrestaurant ist besonders beliebt. Im Schnellrestaurant treffen sich vor allem junge Leute.
2 Die Standorte werden nach bestimmten Kriterien ausgewählt. Eine Filiale wird dort eröffnet.
3 Peking hat mehr als acht Millionen Einwohner. In Peking eröffnen wir demnächst eine Filiale.
4 Fast jede Stadt ist ein guter Standort. In der Stadt gibt es viele Jugendliche mit etwas Geld.
5 Das Restaurant hat eine kühle und moderne Atmosphäre. Die Jugend der Stadt trifft sich in dem Restaurant.
6 Auch die Jugend in Osteuropa isst jetzt Hamburger. In Osteuropa gibt es schon Filialen.
7 Bestimmte Lokale liegen besonders im Trend. In diesen Lokalen werden statt Hamburgern und Pommes landestypische Schnellgerichte serviert.
8 In Vietnam gibt es eine nationale Fast-Food-Kette. Dort serviert man die bei allen Vietnamesen so beliebte Nudelsuppe.
9 In Saigon hat diese Kette bereits die Konkurrenz aus Amerika überholt. In Saigon ist der Boom besonders stark.

Relativsätze mit *was* oder *wo(r)-* + Präposition

> Es ist unklar, *was* die Firma mit ihrer Aktion bezweckt.
> Die Entwicklung ist stabil, *worüber* wir uns freuen.
>
> Wenn sich der Relativsatz auf die ganze Aussage des Hauptsatzes bezieht, heißt das Relativpronomen entweder *was* oder *wo(r)-* + Präposition.

Übung 5 Ergänzen Sie *woran, woraus, was, worauf, worum, wozu, wovon, wofür, womit* oder *worunter*.

1 Es stehen noch zwei Rechnungen zur Bezahlung aus, _____ wir Sie hiermit aufmerksam machen wollen.

2 Sie wollen die Rechnung erst in zwei Monaten bezahlen, _____ wir nicht ganz einverstanden sind.

3 Definieren Sie bitte genau, _____ die Kreditwürdigkeit der Firma abhängt.

4 Erklären Sie genau, _____ Sie wissen wollen.

5 Sagen Sie uns bitte, _____ Sie interessiert sind.

6 Sie haben uns mit dieser Information sehr geholfen, _____ wir Ihnen dankbar sind.

7 Bitte teilen Sie uns so bald wie möglich mit, _____ und bis wann Sie diese Informationen benötigen.

8 Bitte senden Sie uns sämtliche Unterlagen zu, _____ auch die Rechnungsbelege der letzten drei Jahre fallen.

9 Wir haben Ihnen sämtliche Unterlagen zugesandt, _____ Sie ersehen können, dass wir die Situation schnell klären möchten.

10 Eine schnelle Auskunft über die Zahlungsfähigkeit unseres Geschäftspartners ist alles, _____ ich Sie bitten möchte.

Übung 6 Verbinden Sie die Sätze mit *was* oder *wo(r)-* und Präposition.

1 Das Konto wies über Jahre hinweg ein Guthaben auf. Das spricht für die Bonität des Kontoinhabers.
2 Der Betrieb wird sehr professionell geführt. Davon hat sich ein Beratungsunternehmen vor Kurzem überzeugt.
3 Wir haben seit vielen Jahren gute Geschäftsverbindungen zu dem Unternehmen. Wir freuen uns darüber.
4 Die finanziellen Verhältnisse der Firma scheinen angespannt zu sein. Das wirkt sich auf die Zahlungsmoral aus.
5 Die Zahlungen erfolgen sehr unregelmäßig. Viele Lieferanten haben sich darüber beschwert.
6 Wir können Ihnen leider keine weitere Auskunft geben. Wir bedauern das.

Schreibtraining

Wichtig

Wenn Sie eine Auskunft benötigen:

- Legen Sie dar, warum Sie eine Auskunft benötigen.
- Teilen Sie knapp und präzise mit, was Sie wissen wollen.
- Versprechen Sie absolute Verschwiegenheit.
- Stellen Sie eine eventuelle Gegenleistung in Aussicht.

Wenn Sie selber um Information gebeten werden:

- Beziehen Sie sich ausdrücklich auf die Anfrage.
- Nennen Sie die Gründe, wenn Sie keine Auskunft geben wollen oder können.
- Bitten Sie um absolute Diskretion.

Brief I

Sie sind: Jean Leclerc S.A.R.L., Zone Industrielle, 43 rue d'Orves, 63690 VICHY, FRANCE
Sie schreiben an: Ihre deutsche Bankverbindung, das Bankhaus Röder, Fabriciusstr. 11, 40225 DÜSSELDORF, DEUTSCHLAND
Sie wollen: sich nach der Geschäftspolitik und den Vermögensverhältnissen eines potenziellen deutschen Geschäftspartners erkundigen

Brief II

Sie sind: Bankhaus Röder
Sie schreiben an: Jean Leclerc S.A.R.L.
Sie wollen: die gewünschte Auskunft geben

15 Termine – Einladung – Dankschreiben – Geschäftsreise

Wenn Sie einen **Termin** absagen, denken Sie daran, dass …

- Sie eine Alternative vorschlagen.
- es höflich ist, einen Grund für die Absage zu nennen.

Wenn Sie eine **Einladung** verschicken wollen, denken Sie daran, dass …

- Sie die Einladung kurz und knapp halten. Ausführliche Informationen gehören in die Anlage.
- Sie für Datum, Uhrzeit und Ort einen größeren Schrifttyp und einen größeren Zeilenabstand wählen.

Wenn Sie ein **Dankschreiben** verfassen, denken Sie daran, dass …

- Sie mit Ausdrücken wie „herzlich" und „sehr" Ihren Dank unterstreichen können. Aber übertreiben Sie nicht!
- Sie ein oder zwei Dinge hervorheben sollten, die Ihnen besonders gefallen haben.

Wenn Sie eine **Geschäftsreise** organisieren, denken Sie daran, dass …

- Sie dem Hotel bei der Reservierung alle wichtigen Daten übermitteln (Name des Gastes, Anreisedatum, Abreisedatum, Name und Adresse Ihrer Firma), damit der Meldeschein vom Hotel schon vorbereitet werden kann.
- bei vielen Hotels die Anreise nur bis 18 Uhr möglich ist. Eine spätere Ankunft sollten Sie ausdrücklich vereinbaren.
- Sie einen in Deutschland lesbaren Führerschein brauchen, wenn Sie einen Mietwagen reserviert haben.
- Sie den Abwesenheits-Assistenten vielleicht auch auf Deutsch formulieren, wenn Sie häufig mit deutschen Geschäftspartnern per E-Mail kommunizieren. Ein Beispiel finden Sie im Formulierungstraining.

Textbeispiel — *Terminverschiebung*

An: marzahn@luedersundbaran.de
Cc:
Betreff: Terminverschiebung

Sehr geehrter Herr v. Marzahn,

leider muss ich unseren Termin am kommenden Donnerstag, den 01.03., wegen einer unvorhergesehenen Dienstreise absagen. Wir sollten uns aber unbedingt bald treffen, um über das Konzept für unseren neuen Messestand zu sprechen: Ich schlage Dienstagvormittag ab 10.00 Uhr oder Mittwoch Nachmittag ab 14.00 Uhr vor.
Bitte schreiben Sie mir eine Mail, wenn Ihnen einer dieser beiden Termine recht ist. Wenn nicht, dann müssen wir den Termin auf übernächste Woche verschieben oder auf Mittwoch dieser Woche vorverlegen. In diesem Fall rufen Sie mich bitte heute oder morgen an.

Mit freundlichen Grüßen

Claudia Behrendt

....
Incentives · Groups · Meetings · Special-Tours · FIT · Outgoing/Incoming

Globus Reisebüro GmbH
Marketing
Postfach 1446
25404 Pinneberg
Tel.: 04101 6506-70
Fax: 04101 6506-74
E-Mail: behrendt@globus-reise.de · Internet: http://www.globus-reise.de
....

Textbeispiel — *Einladung*

Bauer Components GmbH
35582 Wetzlar · Poststr. 10–12

Monsieur Olivier Brisson
Vevel Automobiles
2 rue Voltaire
92739 NANTERRE CEDEX
FRANCE

20.08.20..

Einladung zur Präsentation

Sehr geehrter Herr Brisson,

zur diesjährigen Internationalen Automobilausstellung in Frankfurt stellen wir unser neues variables Ansaugsystem „VICS" vor. Die Präsentation findet

am Freitag, dem 28.09., um 10.30 Uhr auf unserem Messestand (Stand 34, Halle 3)

statt. Als langjährigen Kunden unserer Firma möchten wir Sie herzlich dazu einladen. Bitte lassen Sie uns wissen, ob Sie kommen.

Mit freundlichen Grüßen

Manfred Schulze

ppa. Manfred Schulze

Anlagen
Produktbeschreibung
Antwortkarte

Textbeispiel — Dankschreiben

INSTITUT FÜR GRENZÜBERSCHREITENDES BILDUNGSMANAGEMENT

Drienová 14 · 821 01 BRATISLAVA 1 · SLOVENSKÁ REPUBLIKA

Frau Prof. Dr. Annamaria Katzmann
Fachhochschule für
Finanzwesen und Rechnungsprüfung
Am Alten Markt 2
71466 SAUERBRUNN
DEUTSCHLAND

09.03.20..

Ihr Vortrag am 08.03.

Sehr geehrte Frau Prof. Dr. Katzmann,

im Namen unseres Instituts möchte ich mich bei Ihnen für den herzlichen Empfang und den Vortrag sehr bedanken. Die Informationen, die wir durch Sie erhielten, sind für uns äußerst nützlich. Wir würden uns deshalb freuen, wenn es bald zu einem zweiten Treffen käme. Es wäre schön, wenn dieses bei uns stattfinden könnte.

Wir freuen uns sehr auf die künftige Zusammenarbeit mit Ihnen.

Mit freundlichen Grüßen

N. Petrényiová

i.A. Natália Petrényiová

Textbeispiele — Hotelreservierung / Stornierung

TELEFAX

An / To: Hotel Comfort
Am Römerhof 25
60486 Frankfurt

Swesda-Press
Mikhailovskaya 5/9
186 St. Petersburg

Datum / Date: 19.04.20..

Fax-Nr.:

Reservierung

Sehr geehrte Damen und Herren,

wir möchten ein Einzelzimmer mit Frühstück vom 09.10.–14.10. (fünf Nächte) zum Preis von EUR 195,00 pro Tag bei Ihnen reservieren.
Herr Glinka wird am 09.10. voraussichtlich gegen 19 Uhr bei Ihnen eintreffen.
Bitte bestätigen Sie uns diese Reservierung per Fax. Vielen Dank.

Mit freundlichen Grüßen

Swesda-Press

i.A. Elena Golova

Tel.Nr: +7 812 320 456-70 · Fax: +7 812 321 456-73 · E-Mail: elena.golova@swesda-press.ru

---

TELEFAX

An / To: Hotel Pazific
Alsterkamp 54
20149 Hamburg

Ship & Boat
553 Jin Jang Road
Shanghai P.r.c.

Fax-Nr.:   Datum / Date: 23.08.20..

Reservierungsnummer 06578 – Stornierung

Sehr geehrte Damen und Herren,

leider müssen wir unsere Buchung vom 17.07.20.. für ein Einzelzimmer vom 03.11. bis zum 04.11.20.. stornieren, da der Geschäftstermin verschoben werden musste.
Bitte bestätigen Sie uns die Aufhebung der Reservierung kurz schriftlich. Vielen Dank.

Mit freundlichen Grüßen

Ship & Boat

i.A. Liping Xu

Tel.: +8621 1390 1892-12; Fax: +8621 1390 1892-16
E-Mail: liping.xu@ship&boat.com

Textbeispiel — Tischreservierung

Dmitrovskoye Shosse, 27
127616 Moscow

Telefax

An: Das blaue Haus
     Övelgönner Str. 25
     22605 Hamburg

Fax-Nr:

20.04.20..

Tischreservierung

Sehr geehrte Damen und Herren,

wir möchten unsere Hamburger Geschäftspartner zu einem Abendessen in Ihrem Restaurant einladen, deshalb würden wir gerne am 18.06.20.. um 19.30 Uhr einen Tisch für 6 Personen bei Ihnen reservieren.

Bitte schicken Sie uns eine kurze Bestätigung, ob die Reservierung klappt. Vielen Dank im Voraus.

Mit freundlichen Grüßen

i.A. Anna Livshina

Tel.: +7 495 937 890-33
Fax: +7 495 937 890-30
E-Mail: anna.livshina@tecnova.ru

Textbeispiel — Autoanmietung

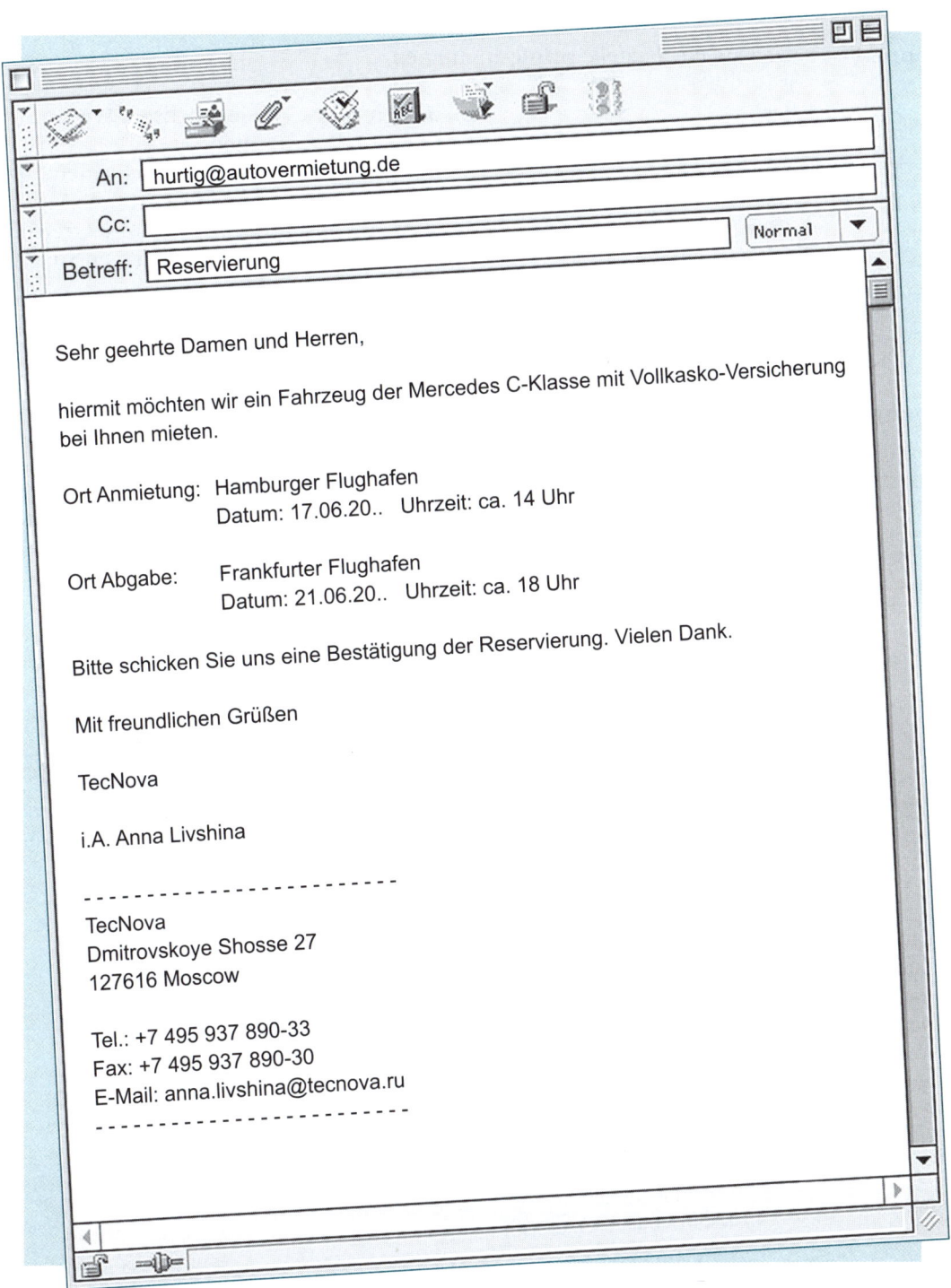

An: hurtig@autovermietung.de

Cc:

Betreff: Reservierung

Sehr geehrte Damen und Herren,

hiermit möchten wir ein Fahrzeug der Mercedes C-Klasse mit Vollkasko-Versicherung bei Ihnen mieten.

Ort Anmietung: Hamburger Flughafen
Datum: 17.06.20.. Uhrzeit: ca. 14 Uhr

Ort Abgabe: Frankfurter Flughafen
Datum: 21.06.20.. Uhrzeit: ca. 18 Uhr

Bitte schicken Sie uns eine Bestätigung der Reservierung. Vielen Dank.

Mit freundlichen Grüßen

TecNova

i.A. Anna Livshina

TecNova
Dmitrovskoye Shosse 27
127616 Moscow

Tel.: +7 495 937 890-33
Fax: +7 495 937 890-30
E-Mail: anna.livshina@tecnova.ru

Formulierungstraining

Übung 1 Setzen Sie die Satzteile richtig zusammen.

1	e

1 Liebe
2 unser Gespräch am 08.08. müssen wir
3 Ich würde mich aber freuen,
4 Passt Ihnen
5 Wenn nicht,
6 Ich bin heute noch

a wenn wir es in der nächsten Woche nachholen könnten.
b dann müssen wir telefonisch einen neuen Termin vereinbaren.
c bis 18.00 Uhr in meinem Büro erreichbar.
d wegen einer außerplanmäßigen Sitzung leider verschieben.
e Frau v. Hagen,
f Mittwoch um 15.00 Uhr?

Übung 2 Setzen Sie die Satzteile richtig zusammen.

1	c

1 Sehr geehrte
2 wir möchten die Eröffnung unserer neuen Hamburger Filiale
3 Wenn ja, könnten wir diesen Raum am 04.05.20..
4 Wir haben gehört, dass Sie in Ihrem Restaurant leckere Überraschungsmenüs
5 Gibt es bei Ihnen für kleinere Gruppen
6 Bitte geben Sie uns

a zu einem guten Preis-Leistungs-Verhältnis anbieten.
b ab 19 Uhr für 15 Personen reservieren?
c Damen und Herren,
d bald Bescheid.
e mit unseren Geschäftsfreunden feiern.
f einen Extraraum?

Übung 3 Setzen Sie die fehlenden Wörter ein.

ganz herzlich
mich
fortsetzen
hoffe
im Namen
zu
informativ
sehr

Sehr geehrter Herr Dr. Stein,

_____ meiner Firma möchte ich _____ bei Ihnen für die Einladung _____ Ihrer Präsentation _____ bedanken. Die Veranstaltung war für mich und meine Mitarbeiter ausgesprochen _____. Auch hat uns Ihr Messestand _____ beeindruckt.

Ich _____, dass wir unser Gespräch bald _____ können.

Mit freundlichen Grüßen

Übung 4 Setzen Sie die fehlenden Wörter ein.

bestätigen
Frühstück
ausgestellt
stornieren
Visum
Reservierung
Einzelzimmer
Voraus
Stornierung

Sehr geehrte Frau Jurich,

unsere _____ mit der Nummer 004587 für ein

_____ mit _____ vom 23.05.–28.05.20..

müssen wir leider _____, da das _____

nicht rechtzeitig _____ werden konnte.

Bitte _____ Sie uns die _____ per Fax.

Vielen Dank im _____.

Mit freundlichen Grüßen

Übung 5 In Deutschland ist es üblich ...

	eher ja	eher nein
1 ... bei einem gemeinsamen Essen mit anderen vor dem Essen „Guten Appetit" zu wünschen.	☐	☐
2 ... Wasser zum Essen extra zu bestellen.	☐	☐
3 ... während des Essens oder Trinkens leise zu schmatzen oder zu schlürfen.	☐	☐
4 ... Blumen mitzubringen, wenn man in ein Privathaus eingeladen wird.	☐	☐
5 ... kein Trinkgeld zu geben.	☐	☐

Abwesenheits-Assistent

Vielen Dank für Ihre Nachricht. Bis einschließlich 10.05.20.. bin ich im Büro nicht erreichbar. Bitte wenden Sie sich in dringenden Fällen an Frau/Herrn ... unter der E-Mail-Adresse ... oder Tel.: ...

Mit freundlichen Grüßen

Termine

Grammatik

Komparativ – Superlativ

Hotel ***: EUR 195,00   Hotel ****: EUR 225,00   Hotel *****: EUR 280,00

Hotel *** ist *teuer*.   Hotel **** ist *teurer*.   Hotel ***** ist *am teuersten*.

		Komparativ	Superlativ	
Regelmäßige Formen	billig	billig**er**	am billig**sten**	
	weit	weit**er**	am weit**esten**	
Einsilbige Adjektive mit Vokal	alt	**ä**lter	am **ä**ltesten	a → ä
	groß	gr**ö**ßer	am gr**ö**ßten	o → ö
	kurz	k**ü**rzer	am k**ü**rzesten	u → ü
Adjektive auf *-el* oder *-er*	dunkel	dun**k**ler	am dunkelsten	
	teuer	teu**r**er	am teuersten	
Unregelmäßige Formen	gern	lieber	am liebsten	
	gut	besser	am besten	
	viel	mehr	am meisten	
	hoch	höher	am höchsten	
	nah	näher	am nächsten	

Übung 6   Setzen Sie das gegenteilige Adjektiv im Komparativ ein.

1 Der Ertrag ist zu niedrig, er müsste viel _____ sein.

2 Der Auftrag kommt zu spät, er hätte _____ kommen müssen.

3 Die allgemeine Wirtschaftslage ist sehr schlecht, sie muss unbedingt _____ werden.

4 Die Zinsen sind zu hoch, sie müssen _____ werden.

5 Die Firma liefert zu langsam, sie muss _____ liefern.

6 Die Qualität der Produkte ist nicht sehr gut. Sie muss viel _____ werden.

7 Die Produktionsanlagen sind veraltet, sie müssen _____ werden.

8 Die Verpackung ist hässlich, sie muss _____ werden.

9 Die Farben sind zu dunkel, sie sollten _____ sein.

10 Die Firma hat viele Maßnahmen ergriffen, aber das reicht nicht. Sie muss noch _____ unternehmen.

Übung 7 Ersetzen Sie den Ausdruck mit *werden* durch ein Verb, das die gleiche Bedeutung hat.

größer werden	– *vergrößern*
schöner werden	_____
besser werden	_____
kürzer werden	_____
moderner werden	_____

Komparativ und Superlativ vor einem Nomen

	Komparativ	Superlativ
der billige Wagen	der billigere Wagen	der billigste Wagen
eine gute Lösung	eine bessere Lösung	die beste Lösung
hohe Kosten	höhere Kosten	die höchsten Kosten

Wenn das Adjektiv im Komparativ oder Superlativ vor einem Nomen steht, muss das Adjektiv nach der Adjektivdeklination (siehe Kapitel 2 und 3) dekliniert werden.

Übung 8 Ergänzen Sie das Adjektiv entweder im Komparativ (II) oder im Superlativ (III).

1 Die neue Mobilfunk-Firma hat ein _____ Programm (gut, II) als früher.

2 Sie verfügt über die _____ Produktionsanlagen (neu, III) und hat die _____ Mitarbeiter (gut, III).

3 Deshalb kann sie zu _____ Bedingungen (günstig, II) als die Konkurrenz liefern.

4 Sie betreibt eine _____ Marketingstrategie (effektiv, II) als ihre Mitkonkurrenten, da sie _____ (kundenorientiert, II) argumentiert.

5 Dadurch hat sie einen _____ Marktzugang (schnell, II) und kann die _____ Produkte (viel, III) absetzen.

6 Sie hat auch den _____ Kundendienst (zuverlässig, III) und _____ Preise (niedrig, II) als die Konkurrenz.

7 Die meisten Kunden haben heute _____ Ansprüche (hoch, II) an die technische Beratung; sie muss _____ (professionell, II) sein als früher.

Vergleiche

Wenn zwei Dinge gleich sind,

> - benutzen Sie das Adjektiv und *so ... wie*:
>   Unsere Firma arbeitet *so effektiv wie* die Konkurrenz.
>   Die neue Produktionsanlage ist *so produktiv, wie* wir erwartet haben.

Wenn zwei Dinge unterschiedlich sind,

> - benutzen Sie das Adjektiv im Komparativ und *als*:
>   Wir arbeiten *effektiver als* die Konkurrenz.
>   Die Firma hatte *höhere* Kosten, *als* sie ursprünglich kalkuliert hatte.
> - benutzen Sie *anders* und *als*:
>   Heute sind die Anforderungen an den Kundendienst *anders als* vor zehn Jahren.
>   Die Kosten entwickelten sich *anders, als* es geplant war.
> - benutzen Sie das Adjektiv und *nicht so ... wie*:
>   Die Konkurrenz arbeitet *nicht so effektiv wie* wir.
>   Der Service ist *nicht so gut, wie* man es erwarten könnte.

Wenn zwei Dinge sich proportional zueinander verhalten,

> - benutzen Sie *je* + Komparativ ... *umso/desto* + Komparativ:
>   *Je besser* das Marketing ist, *umso mehr* Produkte werden verkauft.
>   *Je schneller* die Produktion ist, *desto größer* ist das Warenangebot.
>
> Der Satz mit *je* steht immer an erster Stelle und ist ein Nebensatz; das Verb steht am Satzende.

 Bitte achten Sie auf folgenden Unterschied:

In Asien gibt es *andere* Umgangsformen als in Europa.
Hier vergleichen Sie die Umgangsformen in Asien mit den Umgangsformen in Europa.

In Asien gibt es *unterschiedliche/verschiedene* Umgangsformen.
Hier vergleichen Sie die Umgangsformen in Asien miteinander.

Übung 9   Bilden Sie Sätze im Präsens mit der Komparativform des Adjektivs.

1 die Produkte – sein – preisgünstig – im letzten Jahr
2 die Maschine – funktionieren – gut – das alte Modell
3 unsere Angebote – sein – attraktiv – die Angebote der Konkurrenz
4 er – arbeiten – jeden Tag – lang – sein Kollege
5 die Investitionen – sein – hoch – vor zwei Jahren

Übung 10 Verbinden Sie die Sätze mit *je ... desto*.

Die Wirtschaftslage ist schlecht. Die Umsätze der Firmen sind gering.
→ *Je schlechter die Wirtschaftslage ist, desto geringer sind die Umsätze der Firmen.*

1. Der Wechselkurs der Währungen ist stabil. Die Unternehmen können exakt kalkulieren.
2. Die Geschäftsbeziehung besteht lange. Das Vertrauensverhältnis zwischen den Geschäftspartnern ist ausgeprägt.
3. Die Firma informiert den Gläubiger früh über ihre Zahlungsschwierigkeiten. Sie bleibt kreditwürdig.
4. Die Mitarbeiter sind qualifiziert. Die internationale Wettbewerbsfähigkeit ist gut.
5. Die Vorteile des Produkts sind klar und deutlich dargestellt. Das Angebot wird für den Kunden attraktiv.
6. Die Kollegen sind motiviert. Sie machen ihre Arbeit gern.
7. Der Kundendienst arbeitet sorgfältig. Die Kunden sind zufrieden.
8. Sprechen Sie den Kunden persönlich und direkt an. Er wird positiv reagieren.
9. Hören Sie konzentriert und aufmerksam zu. Der Kunde wird ausführlich seine Wünsche formulieren.
10. Die Mitarbeiter sind flexibel. Die Probleme werden intelligent gelöst.

Bitte achten Sie auf folgende Unterschiede:

senken	Die Firma senkt die Preise.
sinken (sank, ist gesunken)	Die Preise sinken.
steigern/erhöhen	Die Zulieferer steigern/erhöhen die Kosten.
steigen (stieg, ist gestiegen)	Die Kosten steigen.

Schreibtraining

Brief
- Sie sind: Sie selbst
- Sie schreiben an: einen langjährigen Geschäftspartner
- Sie wollen: sich bedanken für die Einladung zum 100-jährigen Jubiläum seiner Firma mit Gala-Diner in einem Luxushotel

Mail I
- Sie sind: Sie selbst
- Sie schreiben an: einen Kunden Ihrer Firma
- Sie wollen: einen Termin, den Sie mit ihm für nächste Woche vereinbart hatten, auf diese Woche vorverlegen oder übernächste Woche verschieben. Den Grund finden Sie selbst.

Fax
- Sie sind: Container Shipping Group, Hong Kong
- Sie schreiben an: Smart Hotel, Hannover
- Sie wollen: zwei Einzelzimmer mit Frühstück für die Zeit der diesjährigen Cebit Hannover reservieren. Die Anreise ist am Tag vor Messebeginn gegen 20 Uhr, die Abreise am Tag nach der Messe.

Mail II
- Sie sind: Firma TeleNova, Warschau
- Sie schreiben an: Bürgerbräuhaus, München
- Sie wollen: wie jedes Jahr 20 Personen zu einem Abendessen während der diesjährigen „Systems" in München einladen. Im letzten Jahr hat die Blasmusik allerdings so laut gespielt, dass sich Ihre Gäste kaum unterhalten konnten. Bitten Sie deshalb in diesem Jahr um einen Nebenraum.

Lösungsschlüssel

Kapitel 1

Übung 1
1g, 2j, 3h, 4i/k, 5b, 6i/k, 7c, 8a, 9d, 10f, 11e

Übung 2
geehrte, Hersteller, Partner, Produkte, Produktionsprogramm, zu geben, legen … bei, spezialisiert, verfügen, mitzuteilen, tätig, freundlichen

Übung 3
Sehr geehrte Damen und Herren,
wir sind der größte taiwanesische Importeur von Autoersatzteilen und suchen die Zusammenarbeit mit leistungsfähigen Firmen, die sich für den Vertrieb ihrer Produkte in unserem Land interessieren. Damit Sie einen Überblick über unser Angebot bekommen, legen wir Ihnen Prospekte bei.
Bitte senden Sie uns ein Verzeichnis mit den Namen und Adressen der führenden bayerischen Firmen dieser Branche zu.
Mit freundlichen Grüßen

Übung 4
1 Die Firma sucht einen neuen Markt, um ihren Absatz zu erhöhen.
2 Das Unternehmen modernisiert die Maschinen, um schneller und billiger produzieren zu können.
3 Wir brauchen zuverlässige Lieferanten, damit unsere Produkte rechtzeitig auf den Markt kommen.
4 Die Qualität ist uns sehr wichtig, damit unsere Kunden zufrieden sind.
5 Wir wenden uns an Sie, um Informationen über die aktuelle Marktlage zu bekommen.
6 Besonders mit dänischen Firmen würden wir gern Kontakt aufnehmen, um uns über unsere Chancen auf diesem Markt zu informieren.
7 Unser Unternehmen sucht die Kooperation mit einem zuverlässigen Partner, damit wir in ganz Dänemark vertreten sind.
8 Zwei unserer Manager kommen nach Kopenhagen, um dort in einem Intensivkurs Dänisch zu lernen.
9 Die Firma leistet sich diese Kosten, damit die Geschäftspartner die Anliegen der Firma verstehen können.

Übung 5
sich interessieren für + Akk., beginnen mit + Dat., teilnehmen an + Dat., sich unterhalten mit + Dat., sich erkundigen bei + Dat./nach + Dat., bitten um + Akk., abhängen von + Dat., verfügen über + Akk., sich vorbereiten auf + Akk., sich freuen auf + Akk., sich konzentrieren auf + Akk., sich gewöhnen an + Akk., denken an + Akk., sich beschäftigen mit + Dat., sprechen mit + Dat., sich freuen über + Akk.

Übung 6
an – damit – an – für – auf – vom – danach – darauf

Kapitel 2

Übung 1
1l, 2e, 3b, 4g, 5m, 6a, 7j, 8k, 9f, 10i, 11c, 12d, 13h

Übung 2
beziehen, auf, vom, Unternehmen, an, Erzeugnissen, senden, so, wie, unverbindliches, ausführlichen, Lieferzeiten

Übung 3
geehrte, letzten, ausgewählten, langjährigen, exklusive, wirklichen, hochwertige, aktuellen, guter, gelieferten, weiteren, freundlichen

Übung 4
aromatischer Schinken, italienischer Schinken, reifes Obst, griechisches Obst, leichter Wein, französischer Wein, rote Tulpen, holländische Tulpen, dunkles Brot, deutsches Brot, schwarzer Kaffee, brasilianischer Kaffee, grüner Tee, indischer Tee, weißes Porzellan, chinesisches Porzellan

Übung 5
das Ereignis, die Druckerei, die Rückfrage, der Manager, die Spedition, das Konto, die Liste, der Vertreter, die Zahlung, das Zentrum, der Laden, die Mentalität, die Maschine, das Erzeugnis, der Hersteller, die Molkerei, die Formulierung, das Plakat, die Pünktlichkeit, die Kundin, der Lieferant, die Größe, die Gewerkschaft, der Anbieter, das Auto, die Verpackung, der Kopierer, die Rechnung, die Woche, das Element, das Porto, die

Kollег**in**, der Fakt**or**, die Industr**ie**, die Bestell**ung**, das Form**at**, die Leist**ung**, der Mot**or**, die Wirt**schaft**, die Anzeig**e**, der Spezial**ist**, der Zwill**ing**, die Adress**e**, die Farb**e**, die Schwierig**keit**, die War**e**, die Versicher**ung**

Übung 6
unseren – der – die/eine – Unser – unseren – einen – eine – Die – die – Ein – Das

Übung 7
Ihre, im, der, einer, Dieses, kein, eine, eine, unsere, die, unser, der, Ihren

Anzeig**e** f
Stadtanzeig**er** m
Rasterbreit**e** f
Seitenhöh**e** f
Fabrik**at** n
Betonfunda**ment** n
Sonderausstell**ung** f
Hall**e** f
Brauer**ei** f
Möglich**keit** f
Erzeug**nis** n
Öffentlich**keit** f
Liefer- und Zahlungsbeding**ung** f

Übung 8
1 Wir haben Ihre neue Adresse von der Deutsch-Slowakischen Handelskammer bekommen.
2 Wir sind das größte Unternehmen in diesem expandierenden Bereich.
3 Mit unseren konkurrenzfähigen Produkten hatten wir in der jüngsten Vergangenheit großen Erfolg.
4 Für eine Zusammenarbeit sehen wir verschiedene Möglichkeiten: Die projektbezogene Kooperation, aber auch die finanzielle Beteiligung an unserem innovativen Unternehmen wäre möglich.
5 Sie sind interessiert und wünschen detailliertere Informationen? – Dann besuchen Sie doch die neue Website unserer Firma.

Kapitel 3

Übung 1
1f, 2g, 3d, 4e, 5c, 6i, 7h, 8a, 9b

Übung 2
Ab Werk; Frei Frachtführer; Frei Längsseite Seeschiff; Frei an Bord; Kosten und Fracht; Kosten, Versicherung und Fracht; Frachtfrei; Frachtfrei versichert; Geliefert Grenze; Geliefert ab Schiff; Geliefert ab Kai (verzollt); Geliefert unverzollt; Geliefert verzollt

Übung 3
gefreut, erhalten, gewünschte, pro Stück, Nettopreise einschließlich, begleichen, Skonto, innerhalb von, ohne Abzug, Mengenrabatt, bestellen, liefern, frei Haus, Bestellung, Lieferung

Übung 4
4, 3, 9, 6, 11, 10, 5, 2, 1, 7, 8 (oder: 5, 2, 10)

Übung 5
ein interessantes, eine aktuelle, einem größeren, Eine ausführliche, eine baldige, ein mittelständisches, elektronischen, einen einmaligen, Eine schriftliche

Übung 6
geehrte, vielen, neuesten, flexibles, modernster, digitaler, aktuellen, genauer, vielfältigen, aktive, passende, heutigen, richtige, geltenden, genauen, beiliegenden, effektive, freundlichen

Übung 7
das Verpackungsmaterial, der Stückpreis, der Kommissionsvorsitzende, das Fabrikgelände, die Gehaltserhöhung, das Wirtschaftswachstum, die Geschwindigkeitsbegrenzung, der Arbeitsplatz, die Mehrwertsteuer

Übung 8
München, den 12. 08. 20. .
Sehr geehrte Damen und Herren,
wir danken Ihnen für Ihre Anfrage vom 5.08.20. . Sie suchen eine repräsentative Halle, da Sie eine Sonderausstellung Ihrer Brauereiprodukte planen.
Wir empfehlen Ihnen entweder eine große 40 m lange Halle oder zwei kleinere Hallen mit Durchgang. Letztere haben den Vorteil, dass Sie die Produktpräsentation auch räumlich gliedern können.
Wir möchten Sie noch darauf aufmerksam machen, dass wir einen Miet- und Leasing-Service entwickelt haben, um flexibel und preiswert auf die Wünsche unserer Kunden reagieren zu können.
Die Kosten für Bauteile, Lieferung und Aufbau der Hallen entnehmen Sie bitte dem beiliegenden Katalog, in dem Sie auch unsere geltenden Liefer- und Zahlungsbedingungen finden.
Über einen baldigen Auftrag von Ihnen würden wir uns freuen.
Mit freundlichen Grüßen
Hecker Stahlbau GmbH

Kapitel 4

Übung 1
1d, 2j, 3k, 4a, 5i, 6h, 7b, 8f, 9c, 10g, 11e

Übung 2
Glückspilz, nämlich, dabei sein, Gewinnchance, höchste, geht, für, selbst, bis, steuerfrei, Schritt, glückliche, Erfüllen, endlich, wünscht

Übung 3
1 Sie schreibt die Geschäftspartner an.
2 Sie verschickt Werbebriefe.
3 Sie überzeugt die Kunden.
4 Sie bedient das Faxgerät.
5 Sie bereitet die Sitzung vor.
6 Sie vergleicht Angebote.
7 Sie schickt Telexe ab.
8 Sie entwirft Projekte.
9 Sie berät die Kunden.
10 Sie holt die Gäste ab.
11 Sie meldet die Besucher an.
12 Sie vereinbart Termine.

Übung 4
aufarbeiten – überarbeiten – verarbeitet – arbeitet ... mit – zusammenzuarbeiten – ausarbeiten – nacharbeiten – bearbeiten

Übung 5
1 Sie hat die Geschäftspartner angeschrieben.
2 Sie hat Werbebriefe verschickt.
3 Sie hat die Kunden überzeugt.
4 Sie hat das Faxgerät bedient.
5 Sie hat die Sitzung vorbereitet.
6 Sie hat Angebote verglichen.
7 Sie hat Telexe abgeschickt.
8 Sie hat Projekte entworfen.
9 Sie hat die Kunden beraten.
10 Sie hat die Gäste abgeholt.
11 Sie hat die Besucher angemeldet.
12 Sie hat Termine vereinbart.

Übung 6
ohne Präfix: gesagt, getan, storniert
trennbar: eingehalten
untrennbar: verbunden, verkauft, erreicht, erlebt, entwickelt

Übung 7
gesagt, getan, erreicht, verkauft, eingehalten, storniert, verbunden, erlebte, entwickelten

Kapitel 5

Übung 1
1d, 2g, 3f, 4h, 5b, 6a, 7c, 8e

Übung 2
Sehr geehrter Herr Nehrut,
vor ca. acht Wochen haben wir Ihnen ein Angebot über unsere Druckmaschinen gemacht. Leider haben Sie bisher nicht darauf geantwortet. Wir nehmen an, dass Sie sich noch nicht entschließen konnten, weil Sie die Neuerungen unseres 2000-er Programms abwarten wollten.
Nun, jetzt ist es so weit.
Unseren Technikern ist es gelungen die Druckgeschwindigkeit nochmals zu erhöhen und den Wartungsaufwand weiter zu reduzieren. Trotz dieses Fortschritts konnten wir die Preise stabil halten.
Sollten Sie eher an unseren auslaufenden Modellen interessiert sein – wir haben noch einige Maschinen zu sehr günstigen Konditionen auf Lager. Zur besseren Information schicken wir Ihnen eine ausführliche technische Beschreibung der neuen Modelle mit. Wir hoffen, bald von Ihnen zu hören.
Mit freundlichen Grüßen

Übung 3
über, zugeschickt, erhalten, letzten, zufrieden, wissen, interessant, lässt, Sensation, Messe, vorbeikommen, Gerät, Eigenschaften, Termins, entschließen, Rabatt

Übung 4
1 ist 2 ist 3 hat 4 hat 5 ist 6 hat, hat
7 hat, ist 8 ist, hat 9 hat, ist 10 hat, ist
11 sind, hat 12 ist

Übung 5
1 Er ist schon angekommen.
2 Ich habe ihn schon angerufen.
3 Ich habe schon an sie geschrieben.
4 Ich habe / Wir haben sie Ihnen schon mitgeteilt.
5 Sie hat ihn schon unterschrieben.
6 Er hat ihn schon gebucht.
7 Sie ist schon nach Frankfurt geflogen.
8 Sie ist schon in München gelandet.
9 Ich habe sie schon kopiert.
10 Sie hat schon stattgefunden.

Übung 6
1 Leider musste ich den Termin am Montag absagen, weil ich kurzfristig verhindert war.
2 Herr Müller wollte sich bei seinem Besuch in Paris mit den französischen Geschäftspartnern treffen, um den Vertrag zu unterzeichnen.
3 Im Konferenzraum durfte man nicht rauchen.
4 Wer wollte, konnte am Nachmittag die Ausstellung besuchen.
5 Zwei unserer Manager waren in Kopenhagen. Sie sollten dort in einem Intensivkurs Dänisch lernen.
6 Alle Firmen hatten im Herbst die Möglichkeit, ihre neuesten Erzeugnisse der Öffentlichkeit vorzustellen.
7 Wir mussten den Kunden mitteilen, dass die bestellten Waren nicht lieferbar waren.
8 Frau Kraus musste dringend nach Hamburg fahren. Sie war deshalb den ganzen Tag nicht zu erreichen.

Übung 7
1 Als 2 Wenn 3 wenn 4 Als 5 als 6 wenn
7 als 8 Wenn

Lösungsschlüssel

Kapitel 6

Übung 1
1c, 2e, 3g, 4f, 5a, 6d, 7b

Übung 2
für, vom, Rücksprache, bestelle, bestätigen, Auftrag, wie, nennen, frühesten, abholen, spätestens, annehmen, gewähren, Zeit

Übung 3
5, 12, 10, 6, 7, 2, 1, 4, 8, 11, 3, 9
oder: 5, 12, 1, 4, 8, 11, 10, 6, 7, 2, 3, 9

Übung 4
1 Wenn Sie uns 15% Rabatt geben, bestellen wir die Kopierer bei Ihnen.
2 Wenn Sie uns den Auftrag geben, können wir Ihnen preislich entgegenkommen.
3 Wenn Sie sich bald entscheiden, bekommen Sie Sonderkonditionen.
4 Wenn Sie an unserem Angebot Interesse haben, rufen Sie uns an.
5 Wenn die gelieferten Waren von guter Qualität sind, können Sie mit weiteren Aufträgen rechnen.
6 Wenn die Firma das Angebot annimmt, schließt sie damit einen Kaufvertrag ab.
7 Wenn die Firma Canon in Kürze liefert, können wir bald mit den neuen Kopierern arbeiten.
8 Wenn die Firma zu spät liefert, können wir die Ware nicht mehr annehmen.
9 Wenn der Kunde nicht pünktlich zahlt, können wir ihm keinen Rabatt gewähren.
10 Wenn die Firma die Ware nicht sachgemäß verpackt, nehmen wir die Lieferung nicht an.

Übung 5
1 Nimmt man ein festes Angebot an, dann muss man die Ware abnehmen und bezahlen.
2 Geben Sie uns den Auftrag, dann können wir Ihnen preislich entgegenkommen.
3 Sind die gelieferten Waren von guter Qualität, dann können Sie mit weiteren Aufträgen rechnen.
4 Nimmt die Firma das Angebot an, dann schließt sie damit einen Kaufvertrag ab.
5 Liefert die Firma zu spät, dann können wir die Ware nicht mehr annehmen.

Übung 6
1 Sollten Sie sich bald entscheiden, bekommen Sie Sonderkonditionen.
2 Sollten Sie an unserem Angebot Interesse haben, rufen Sie uns an.
3 Sollte die Firma Canon in Kürze liefern, können wir bald mit den neuen Kopierern arbeiten.
4 Sollte der Kunde nicht pünktlich zahlen, können wir ihm keinen Rabatt gewähren.
5 Sollte die Firma die Ware nicht sachgemäß verpacken, nehmen wir die Lieferung nicht an.

Übung 7
1 Wenn Ihnen die Ware nicht gefällt, kann sie umgetauscht werden.
2 Wenn Sie die Ware versenden, achten Sie auf sachgemäße Verpackung.
3 Wenn Sie das Gerät sorgfältig pflegen, haben Sie lange Freude daran.
4 Wenn Sie regelmäßig trainieren, stellt sich ein positiver Effekt ein.
5 Wenn Sie weitere Fragen haben, wenden Sie sich an unser Team.
6 Bei Interesse rufen Sie uns bitte an.
7 Bei Vertragsabschluss werden auch die Zahlungsmodalitäten geregelt.
8 Bei regelmäßigem Besuch unseres Fitnessstudios bekommen Sie einen Treuebonus.
9 Bei Sonderwünschen berät unser Trainer Sie gerne.
10 Bei Mängeln müssen Sie sofort reklamieren.

Übung 8
auf, für, um, zur, mit, nach, auf, zwischen, für, über, von, Mit

Kapitel 7

Übung 1
1e, 2d, 3a, 4f, 5c, 6b

Übung 2
Bestellung, Leider, bisherigen, ausführen, Aufgrund, erhöhen, auf, Verständnis, Preisliste, zu, bestätigen

Übung 3
1 Bitte senden Sie uns den neuen Katalog zu.
2 Bitte informieren Sie uns über Ihre Neuentwicklungen.
3 Teilen Sie uns bitte den frühesten Liefertermin mit.
4 Bestätigen Sie (uns) bitte den Auftrag.
5 Bitte gewähren Sie uns 30 Tage für die Zahlung.
6 Rufen Sie mich/uns bitte an.
7 Verbinden Sie mich bitte mit der Buchhaltung.
8 Bitte unterschreiben Sie den Vertrag.
9 Bitte schicken Sie die bestellte Ware morgen ab.
10 Bitte verpacken Sie die Ware sorgfältig.
11 Liefern Sie (uns) die Ware bitte noch vor Weihnachten.
12 Bitte kommen Sie bei Ihrem nächsten Besuch in München bei uns vorbei.

Übung 4
1 würden … liefern
2 wären, könnten
3 würden … freuen
4 würde … sprechen
5 möchte
6 könnte, hätten

Übung 5
1 möchte, mag
2 mag, will, Möchtest
3 wollen, Möchtest, magst

Übung 6
1 Würden Sie bitte das Fenster öffnen/aufmachen?
2 Was möchten Sie trinken?
3 Würden Sie mir bitte den Zucker geben?
4 Möchten Sie noch ein Dessert?
5 Ich möchte gern zahlen. / Würden Sie mir bitte die Rechnung bringen?
6 Ich würde morgen bei Ihnen vorbeikommen.
7 Würden Sie mich bitte über die weitere Entwicklung informieren?
8 Würden Sie bitte Ihren Namen buchstabieren?
9 Würden Sie uns bitte Ihre Preisliste zuschicken?
10 Wir möchten mit anderen Firmen Kontakt aufnehmen.

Übung 7
1 Kennen 2 Können 3 weiß 4 Wissen
5 weiß, kenne, kann 6 können 7 kann, weiß
8 kennt 9 Wissen, kann

Kapitel 8

Übung 1
1e, 2c, 3h, 4n, 5l, 6a, 7i, 8j, 9m, 10k, 11b, 12d, 13g, 14f

Übung 2
1 der Karton, -s
2 der Lattenverschlag, ¨-e
3 der Sack, ¨-e
4 die Holzkiste, -n
5 der Container, -
6 das Fass, Fässer
7 die Lattenkiste, -n
8 die Palette, -n
9 die Trommel, -n

Übung 3
6, 3, 9, 1, 8, 2, 5, 7, 4

Übung 4
1 Oben
2 Vor Nässe schützen
3 Vor Hitze schützen
4 Zerbrechliches Packgut
5 Entzündbare Flüssigkeit
6 Keine Handhaken verwenden

Übung 5
1 Ich werde den Kollegen anrufen.
2 Ich werde mit dem Lieferanten telefonieren.
3 Ich werde bei Herrn Rörlich vorbeigehen.
4 Ich werde den Chef anrufen.
5 Ich werde bei meinem Nachbarn vorbeigehen.
6 Ich werde Frau Emmerich morgen anrufen.
7 Ich werde mit Ihrem Spezialisten sprechen.
8 Ich werde mit dem Assistenten telefonieren.
9 Ich werde den/diesen Herrn später anrufen.

Übung 6
1 Kollegen, Herrn
2 Löwen
3 Herrn
4 Namen
5 Kunden, Praktikanten
6 Gedanken
7 Nachbarn
8 Buchstaben

Übung 7
1 Weil die Warenmenge sehr groß ist.
2 Weil die Güter sehr große Abmessungen haben.
3 Weil der Kunde es ausdrücklich so will.
4 Weil nur ein Teil der Güter verschickt werden soll.
5 Weil die Ware ein hohes Gewicht hat.
6 Weil der Kunde einen speziellen Versandweg wünscht.
7 Weil das in dieser Branche üblich ist.

Übung 8
1 Die Firma liefert nicht, weil sie Konkurs gemacht hat.
2 Die Rechnung wird nicht bezahlt, denn die Summe stimmt nicht.
3 Der Versand klappt nicht, da der Computer ausgefallen ist.
4 Die Kisten können nicht mehr benutzt werden, denn das Material ist nicht mehr in Ordnung.
5 Der Kunde ist verärgert, weil die Ware nicht pünktlich gekommen ist.
6 Frau Panadero ärgert sich, denn sie hat die falsche Bestellnummer angegeben.
7 Herr Möllemann entschuldigt sich, weil er unfreundlich gewesen ist.
8 Die Firma widerruft ihre Bestellung, da sie noch Handschuhe auf Lager hat.
9 Herr Yoshikawa telefoniert mit der Firma Thompson, weil er noch eine Frage zur Rechnung hat.
10 Man muss vorsichtig mit dem Paket umgehen, denn die Waren sind aus Glas.

Übung 9
1 Die Firma hat Konkurs gemacht, deshalb liefert sie nicht.
2 Die Summe stimmt nicht, deswegen wird die Rechnung nicht bezahlt.
3 Der Computer ist ausgefallen, deswegen klappt der Versand nicht.
4 Das Material ist nicht mehr in Ordnung, deshalb können die Kisten nicht mehr benutzt werden.
5 Die Ware ist nicht pünktlich gekommen, darum ist der Kunde verärgert.
6 Frau Panadero hat die falsche Bestellnummer angegeben, deshalb ärgert sie sich.
7 Herr Möllemann ist unfreundlich gewesen, darum entschuldigt er sich.
8 Die Firma hat noch Handschuhe auf Lager, deswegen widerruft sie ihre Bestellung.

9 Herr Yoshikawa hat noch eine Frage zur Rechnung, darum telefoniert er mit der Firma Thompson.
10 Die Waren sind aus Glas, deshalb muss man vorsichtig mit dem Paket umgehen.

Kapitel 9

Übung 1
1f, 2e, 3d, 4b, 5a, 6c

Übung 2
erhalten, angekommen, Allerdings, stimmt …, genannte, tatsächlichen, … überein, deshalb, Rechnungsbetrag, abgezogen, Verrechnungsscheck, geht … heraus

Übung 3
1 Die Hannover-Messe wird morgen eröffnet.
2 Auf der SYSTEMS werden die neuesten Produkte vorgestellt.
3 Sie sind umgehend über unsere Neuentwicklung informiert worden.
4 Bei uns werden die Konferenzen sorgfältig vorbereitet.
5 Unsere Kunden werden persönlich angesprochen.
6 Die Waren werden von unserer Versandabteilung sorgfältig verpackt.
7 Ihnen wird von unserer Buchhaltung ein Scheck zugesandt.
8 Der Rechnungsbetrag wird auf Ihr Konto überwiesen.
9 Die Rechung ist heute per Überweisung bezahlt worden.
10 Uns ist von Ihrer Buchhaltung zu viel berechnet worden.

Übung 4
1 Der Kundendienst repariert morgen den Kopierer.
2 Wir führen die Bestellung so schnell wie möglich aus.
3 Bei Bezahlung innerhalb von zwei Wochen ziehen wir 2% Skonto ab.
4 Wir berücksichtigen Ihre Sonderwünsche.
5 Man hat ihm gekündigt.

Übung 5
1 Unsere Bestellung vom 18. 05. muss leider widerrufen werden.
2 Ihr Auftrag kann nicht ausgeführt werden.
3 An der Lösung muss weitergearbeitet werden.
4 Der Vertrag muss unbedingt eingehalten werden.
5 Der Zahlungseingang konnte nicht bestätigt werden.

Übung 6
1 Man muss die Abteilung endlich umstrukturieren.
2 Wir können den Termin nicht weiter hinausschieben.
3 Mit dem neuen Kopierer kann man schon arbeiten.
4 Wir müssen diesen Vorschlag unbedingt prüfen.
5 Wie können die Frist leider nicht verlängern.

Übung 7
1 Dieser Politiker kann nicht bestochen werden.
2 Seine Idee kann nicht realisiert werden.
3 Die anfallenden Kosten können nicht kalkuliert werden.
4 Der neue Plan kann auf jeden Fall durchgeführt werden.
5 Der Fehler konnte auf den ersten Blick nicht erkannt werden.

Übung 8
1 entzündbare
2 erreichbar
3 zerbrechliches
4 zahlbar
5 vergleichbar
6 unterschiedlich
7 unverkäuflich
8 dankbar
9 erkennbaren

Kapitel 10

Übung 1
1c, 2i, 3h, 4f, 5a, 6e, 7g, 8j, 9b, 10d

Übung 2
Nachfrist, einhalten, Verzögerung, Erdbeben, Lieferant, befindet, Bedarf, höherer, bedauern, Schaden, Forderung, Schadenersatz, geklärt, Bescheid, versichern, Fertigstellung, beschleunigen

Übung 3
Sehr geehrter Herr Vorderhuber,
am 19. 04. 20.. haben wir bei Ihnen eine Druckmaschine vom Typ 3022 WX bestellt. In unserem Auftrag haben wir ausdrücklich darauf hingewiesen, dass wir die Anlage bis spätestens 30. 06. 20.. benötigen. Sie haben uns diesen Termin am 28. 04. 20.. auch bestätigt. Die Lieferung ist aber immer noch nicht bei uns eingetroffen.
Dieser Liefertermin war für uns deswegen so wichtig, weil die alte Druckmaschine nur noch mit halber Kapazität arbeitet. Eine Überholung der Anlage oder eine Reparatur ist nicht mehr möglich, weil für diesen Typ keine Ersatzteile mehr hergestellt werden. Da wir gegenüber zahlreichen Kunden vertragliche Verpflichtungen haben, sind wir bereits in große Schwierigkeiten geraten.
Auf eine Mahnung vom 01. 07. 20.. haben Sie nicht reagiert. Deshalb setzen wir Ihnen hiermit eine Nachfrist bis zum 31. 08. 20... Sollten Sie bis dahin nicht liefern, werden wir einen anderen Hersteller beauftragen. Für eventuelle Mehrkosten und den bis dahin entstandenen Schaden werden wir Sie haftbar machen.
Mit freundlichen Grüßen

Übung 4
1. Schön, dass er heute kommt.
2. Schade, dass sie geschlossen ist.
3. Zu dumm, dass ich ihn verpasst habe.
4. Schön, dass sie sie heute noch abschickt.
5. Zu dumm, dass Sie ihn nicht erreicht haben.
6. Gut, dass sie ihn noch heute überweist.
7. Gut, dass Sie sie extra markiert haben.
8. Gut, dass sie ihn informiert hat.
9. Schade, dass es nicht mehr gilt.

Übung 5
1. Die Firma verlässt sich darauf, dass wir noch in diesem Monat liefern.
2. Der Kollege erinnert sich daran, dass der Kunde morgen früh vorbeikommen will.
3. Frau Frische versucht mich mit der Buchhaltung zu verbinden.
4. Wir möchten Sie bitten das Akkreditiv um einen Monat zu verlängern.
5. Es ist uns nicht möglich Ihnen eine längere Frist einzuräumen.
6. Es ist schwierig einen Bankdirektor zu überzeugen.
7. Frau Panadero weiß, dass sie den Chef informieren muss.
8. Es freut uns Ihnen mitteilen zu können, dass unser neues Produkt auf dem Markt ist.
9. Wir haben Sie ausdrücklich darauf hingewiesen, dass unsere Produktionsabteilung die Lieferung Ende des Monats benötigt.

Übung 6
1. Wir werden Schadenersatz geltend machen.
2. Wir werden alles tun, um die Fertigung zu beschleunigen.
3. Wir werden Sie haftbar machen.
4. Unsere Firma wird auf einen anderen Lieferanten zurückgreifen.
5. Wir werden den Termin einhalten.
6. Ich werde die Geschäftsleitung informieren.
7. Wir werden Ihnen so bald wie möglich Bescheid geben.
8. Ich werde Sie sofort informieren.
9. Der Prokurist wird den Vertrag unterschreiben.

Übung 7
1. Er wird wohl heute noch kommen.
2. Sie wird das Fax vermutlich schon losgeschickt haben.
3. Die Firma wird vielleicht Terminschwierigkeiten haben.
4. Der Filialleiter wird wahrscheinlich auch zur Konferenz kommen.
5. Sein Flugzeug wird wohl schon gelandet sein.
6. Der Betriebsrat wird zu diesem Problem wahrscheinlich ausführlich Stellung nehmen.
7. Der Abteilungsleiter wird unsere Unterlagen vermutlich schon bekommen haben.
8. Er wird den Vertrag wohl schon unterschrieben haben.
9. Die Firmenleitung wird sich wahrscheinlich an die Vereinbarung halten.
10. Sie werden wohl eine Vereinbarung treffen.

Kapitel 11

Übung 1
1b, 2f, 3a, 4d, 5c, 6e, 7g

Übung 2
leid, allerdings, hinweisen, Garantiezeit, abgelaufen, Obwohl, vorbeizuschicken, festgestellten, Mängel, erforderlichen, Kosten, Regelung

Übung 3
1. Wir möchten wissen, warum die Sakkos kleine Webfehler haben.
2. Ich möchte wissen, ob Sie uns einen Preisnachlass von 10% geben können.
3. Bitte teilen Sie uns mit, ob Sie mit dem Vorschlag einverstanden sind.
4. Wir möchten wissen, wo wir die Ware in Empfang nehmen können.
5. Bitte sagen Sie uns, wie hoch die Mehrwertsteuer auf diese Waren ist.
6. Bitte teilen Sie uns mit, wann Sie Ihren Auftrag bestätigen.
7. Wir möchten wissen, ob Sie die Lieferung an die neue Adresse schicken.
8. Ich möchte wissen, ob Sie der Firma schon ein Fax geschickt haben.
9. Teilen Sie uns bitte mit, warum Sie die Bestellung rückgängig gemacht haben.
10. Ich möchte wissen, mit wem in der Firma Sie gesprochen haben.
11. Ich weiß nicht, ob die Lieferung noch in dieser Woche kommt.
12. Ich sehe mal nach, in welcher Farbe wir die Hemden bestellt haben.
13. Ich weiß nicht, ob wir die Reparaturen auf unsere Kosten ausführen.
14. Sehen Sie doch bitte mal nach, ob die Garantiezeit schon abgelaufen ist.
15. Fragen Sie doch bitte nach, welche Lieferfrist die Firma hat.

Übung 4
1. Der Kopierer funktioniert nicht, obwohl er schon oft repariert wurde.
   Der Kopierer wurde schon oft repariert, trotzdem funktioniert er nicht.
2. Die Firma hält den Liefertermin ein, obwohl der Streik sie in Schwierigkeiten gebracht hat.
   Der Streik hat die Firma in Schwierigkeiten gebracht, trotzdem hält sie den Liefertermin ein.

Lösungsschlüssel 153

3 Obwohl die Garantiezeit abgelaufen ist, nehmen wir die beanstandeten Exemplare zurück.
Die Garantiezeit ist abgelaufen, trotzdem nehmen wir die beanstandeten Exemplare zurück.
4 Obwohl die Firma nicht dazu verpflichtet ist, gewährt sie einen Preisnachlass.
Die Firma ist nicht dazu verpflichtet, trotzdem gewährt sie einen Preisnachlass.
5 Die Ware ist bis heute noch nicht angekommen, obwohl wir sie per Express geschickt haben.
Wir haben die Ware per Express geschickt, trotzdem ist sie bis heute noch nicht angekommen.
6 Der Betrag ist noch nicht gutgeschrieben, obwohl wir den Scheck schon vor einer Woche bei der Bank eingereicht haben.
Wir haben den Scheck schon vor einer Woche bei der Bank eingereicht, trotzdem ist der Betrag noch nicht gutgeschrieben.
7 Ihre Überweisung ist noch nicht bei uns eingegangen, obwohl Sie uns die Zahlung schon lange zugesagt haben.
Sie haben uns die Zahlung schon lange zugesagt, trotzdem ist Ihre Überweisung noch nicht bei uns eingegangen.
8 Obwohl wir hellblaue Hemden bestellt haben, haben Sie dunkelblaue Hemden geliefert.
Wir haben hellblaue Hemden bestellt, trotzdem haben Sie dunkelblaue Hemden geliefert.
9 Obwohl ich schon mehrmals bei der Firma angerufen habe, habe ich Herrn Möllemann noch nicht erreicht.
Ich habe schon mehrmals bei der Firma angerufen, trotzdem habe ich Herrn Möllemann noch nicht erreicht.
10 Er ist ein guter Mitarbeiter, obwohl er sehr wenig Geduld hat.
Er hat sehr wenig Geduld, trotzdem ist er ein guter Mitarbeiter.

Übung 5

1 Ich habe die Firma noch nicht angerufen.
2 Die Firma liefert in dieser Woche nicht mehr.
3 Der Kundendienst ist noch nicht informiert.
4 Wir haben keine Faxformulare mehr.
5 Wir haben noch keinen Vertrag unterschrieben.
6 Der Mitarbeiter kommt heute nicht mehr zurück.
7 Herr Möllemann hat noch kein Angebot abgeschickt.
8 Die Garantiezeit ist noch nicht abgelaufen.
9 Der Vertrag kann nicht mehr rückgängig gemacht werden.
10 Er hat keine weiteren Beanstandungen mehr.

Kapitel 12

Übung 1
1c, 2g, 3f, 4h, 5i, 6k, 7a, 8e, 9j, 10b, 11d

Übung 2
fällig, ausstehenden, fristgerecht, begleichen, Buchhaltung, umgestellt, angewiesen, Betrag, überweisen, für, Verzögerung, um

Übung 3
1a, 2j, 3f, 4i, 5g, 6b, 7l, 8k, 9m, 10c, 11n, 12e, 13h, 14d

Übung 4
1 Nachdem er ins Büro gekommen ist, zieht er seinen Mantel aus.
2 Bevor er sich an den Schreibtisch setzt, holt er sich eine Tasse Kaffee.
3 Nachdem er einen Text in den Computer eingegeben hat, druckt er ihn aus.
4 Bevor er das Fax an die Buchhaltung schickt, sucht er die Faxnummer der Abteilung heraus.
5 Während er die Nummer im Verzeichnis sucht, klingelt das Telefon.
6 Während er mit einem Kunden telefoniert, bringt sein Kollege das Antwortfax.
7 Nachdem er die Antwort gelesen hat, telefoniert er mit der Hausbank seiner Firma.
8 Bevor die Bank die Auskunft erteilt, kontrolliert sie den Anrufer.
9 Nachdem der Anrufer das Codewort genannt hat, bekommt er die gewünschte Information.
10 Bevor die Firma rechtliche Schritte einleitet, spricht sie mit ihrem Rechtsanwalt.

Übung 5
1 Bevor sie zum dritten Mal mahnt, ruft die Assistentin den Kunden an.
2 Während sie telefoniert, kommt die aktuelle Post.
3 Bevor sie die Mahnung an die Rechtsabteilung weiterleitet, informiert sie den Kunden.
4 Nachdem sie telefoniert hat, druckt sie den Kontoauszug aus.
5 Bevor sie die wichtigsten Punkte mit dem Abteilungsleiter bespricht, muss sie das Marketing-Meeting organisieren.
6 Nachdem sie das Meeting organisiert hat, bestellt sie sofort die Flugtickets.
7 Nachdem die Konferenz beendet ist (zu Ende ist), ruft sie Taxis für die Teilnehmer.
8 Während sie arbeitet, denkt sie oft an ihren Urlaub.
9 Bevor sie abreist, will sie noch die Korrespondenz erledigen.

Übung 6
1 Es dauert sicher noch länger, bis der Kunde anruft.
2 Es kann länger dauern, bis die Banküberweisung eintrifft.
3 Wir warten, bis wir neue Informationen von der Messe bekommen.
4 Nicht alle Teilnehmer bleiben, bis die Konferenz zu Ende ist.
5 Es wird noch etwas dauern, bis der Kopierer repariert ist.

Übung 7
1b, 2a, 3e, 4f, 5a, 6c

Kapitel 13

Übung 1
1d, 2e, 3b, 4f, 5a, 6g, 7c

Übung 2
in Höhe von, fällig, gesamten, Unwetter, vernichtet, schlage … vor, Anfangsbetrag, überweise, Abschlagszahlungen, ersten Werktag, Vorschlag, akzeptieren, einverstanden

Übung 3
Sehr geehrte Frau Klein,
es tut uns sehr leid, dass Ihr Kaufhaus abgebrannt ist. Zum Glück ist der Schaden ja durch die Versicherung gedeckt, sodass Sie bald wieder zahlungsfähig sein werden. Bis zu diesem Zeitpunkt helfen wir Ihnen gerne mit einer Stundung unserer Rechnung. Ich denke, dass eine Verschiebung um drei Monate für beide Seiten akzeptabel ist. Der neue Fälligkeitstag ist dann also der 15.02.
Mit freundlichen Grüßen

Übung 4
1 der 2 die 3 das 4 der 5 denen 6 den
7 die 8 die 9 denen 10 dem

Übung 5
1 Den asiatischen Markt, über den Sie sich informieren wollen, kennen wir seit Langem sehr genau.
2 Unsere Firma ist ein Großhandelsunternehmen, das schon seit 12 Jahren besteht.
3 Oft werden die Aufträge, um die Weltfirmen konkurrieren, nach politischen Kriterien vergeben.
4 Unser Beratungsingenieur, der im September in Taiwan ist, könnte mit Ihnen einen Termin vereinbaren.
5 Der Interessent, dem wir gestern per Fax unsere Termine zugeschickt haben, ist Marktführer in Taiwan.
6 Soviel wir wissen, ist das Unternehmen, mit dem Sie Geschäftsbeziehungen aufnehmen wollen, kreditwürdig.
7 Wir verkaufen moderne Telefonanlagen, die den höchsten Ansprüchen genügen.
8 Unsere Schnurlostelefone, mit denen Ihr Service-Team jederzeit erreichbar ist, machen den Kundendienst mobil.
9 Der Betrag, den wir leider nicht vollständig begleichen können, ist in vier Wochen fällig.
10 Aus der schwierigen Lage helfen uns die Zahlungen, die wir im nächsten Monat erwarten.

Übung 6
1 an denen 2 denen 3 dem 4 denen
5 mit dem 6 den 7 um den 8 an denen
9 für das 10 auf die

Kapitel 14

Übung 1
1c, 2f, 3g, 4a, 5j, 6e, 7i, 8d, 9b, 10h

Übung 2
über, Auskunft, seit, reibungslos, allerdings, Zahlungsverpflichtungen, Verzögerungen, nachgekommen, vermute, Marktentwicklung, eingeschätzt, zu, expandiert, behandeln, vertraulich

Übung 3
1 Eine Marktstudie wird bei einem Marktforschungsinstitut, dessen Name nicht genannt werden soll, in Auftrag gegeben.
2 Das Unternehmen, dessen Kreditwürdigkeit geprüft wird, ist mit seinen Produkten international präsent.
3 Der Werbemanager, mit dessen Ideen die Firmenleitung rechnet, hat eine neue Marketingstrategie entwickelt.
4 Die jugendlichen Kunden, an deren Bedürfnissen die Firma die Produkte orientieren will, werden ausführlich befragt.
5 Die Untersuchung, deren Ergebnis für niemanden überraschend ist, wird in der Fachpresse veröffentlicht.
6 Die Geräte, an deren Design noch gearbeitet wird, müssen leicht programmierbar sein.
7 Die Gebrauchsanleitung, deren Terminologie für jeden verständlich sein müsste, ist zu kompliziert geschrieben.
8 Fachwortschatz, dessen Bedeutung nur Spezialisten verstehen, sollte man nicht benutzen.
9 Die Produktionsphase der Funktelefone, deren Leistung überzeugend sein muss, wird jetzt geplant.
10 Das Logo der Firma, über deren Werbekampagne in der Öffentlichkeit diskutiert wird, ist international bekannt.

Übung 4
1. Dieses Schnellrestaurant, in dem / wo sich vor allem junge Leute treffen, ist besonders beliebt.
2. Die Standorte, an denen / wo eine Filiale eröffnet wird, werden nach bestimmten Kriterien ausgewählt.
3. Peking, wo wir demnächst eine Filiale eröffnen, hat mehr als acht Millionen Einwohner.
4. Fast jede Stadt, in der / wo es viele Jugendliche mit etwas Geld gibt, ist ein guter Standort.
5. Das Restaurant, in dem / wo sich die Jugend der Stadt trifft, hat eine kühle und moderne Atmosphäre.
6. Auch die Jugend in Osteuropa, wo es schon Filialen gibt, isst jetzt Hamburger.
7. Bestimmte Lokale, in denen / wo statt Hamburgern und Pommes landestypische Schnellgerichte serviert werden, liegen besonders im Trend.
8. In Vietnam gibt es eine nationale Fast-Food-Kette, in der / wo man die bei allen Vietnamesen so beliebte Nudelsuppe serviert.
9. In Saigon, wo der Boom besonders stark ist, ist hat diese Kette bereits die Konkurrenz aus Amerika überholt.

Übung 5
1 worauf 2 womit 3 wovon 4 was 5 woran
6 wofür 7 wozu 8 worunter 9 woraus
10 worum

Übung 6
1. Das Konto wies über Jahre hinweg ein Guthaben auf, was für die Bonität des Kontoinhabers spricht.
2. Der Betrieb wird sehr professionell geführt, wovon sich ein Beratungsunternehmen vor Kurzem überzeugt hat.
3. Wir haben seit vielen Jahren gute Geschäftsverbindungen zu dem Unternehmen, worüber wir uns freuen.
4. Die finanziellen Verhältnisse der Firma scheinen angespannt zu sein, was sich auf die Zahlungsmoral auswirkt.
5. Die Zahlungen erfolgen sehr unregelmäßig, worüber sich viele Lieferanten beschwert haben.
6. Wir können Ihnen leider keine weitere Auskunft geben, was wir bedauern.

Kapitel 15

Übung 1
1e, 2d, 3a, 4f, 5b, 6c

Übung 2
1c, 2e, 4a, 5f, 3b, 6d

Übung 3
im Namen, mich, zu, ganz herzlich, informativ, sehr, hoffe, fortsetzen

Übung 4
Reservierung, Einzelzimmer, Frühstück, stornieren, Visum, ausgestellt, bestätigen, Stornierung, Voraus

Übung 5
1 eher ja 2 eher ja 3 eher nein 4 eher ja
5 eher nein

Übung 6
1 höher 2 früher 3 besser 4 niedriger
5 schneller 6 besser 7 moderner
8 schöner/attraktiver 9 heller 10 mehr

Übung 7
verschönern, verbessern, verkürzen, modernisieren

Übung 8
1 besseres 2 neuesten, besten 3 günstigeren
4 effektivere, kundenorientierter 5 schnelleren, meisten 6 zuverlässigsten, niedrigere 7 höhere, professioneller

Übung 9
1. Die Produkte sind preisgünstiger als im letzten Jahr.
2. Die Maschine funktioniert besser als das alte Modell.
3. Unsere Angebote sind attraktiver als die Angebote der Konkurrenz.
4. Er arbeitet jeden Tag länger als sein Kollege.
5. Die Investitionen sind höher als vor zwei Jahren.

Übung 10
1. Je stabiler der Wechselkurs der Währungen ist, desto exakter können die Unternehmen kalkulieren.
2. Je länger die Geschäftsbeziehung besteht, desto ausgeprägter ist das Vertrauensverhältnis zwischen den Geschäftspartnern.
3. Je früher die Firma den Gläubiger über ihre Zahlungsschwierigkeiten informiert, desto kreditwürdiger bleibt sie.
4. Je qualifizierter die Mitarbeiter sind, desto besser ist die internationale Wettbewerbsfähigkeit.
5. Je klarer und deutlicher die Vorteile des Produkts dargestellt sind, desto attraktiver wird das Angebot für den Kunden.
6. Je motivierter die Kollegen sind, desto lieber machen sie ihre Arbeit.
7. Je sorgfältiger der Kundendienst arbeitet, desto zufriedener sind die Kunden.
8. Je persönlicher und direkter Sie den Kunden ansprechen, desto positiver wird er reagieren.
9. Je konzentrierter und aufmerksamer Sie zuhören, desto ausführlicher wird der Kunde seine Wünsche formulieren.
10. Je flexibler die Mitarbeiter sind, desto intelligenter werden die Probleme gelöst.